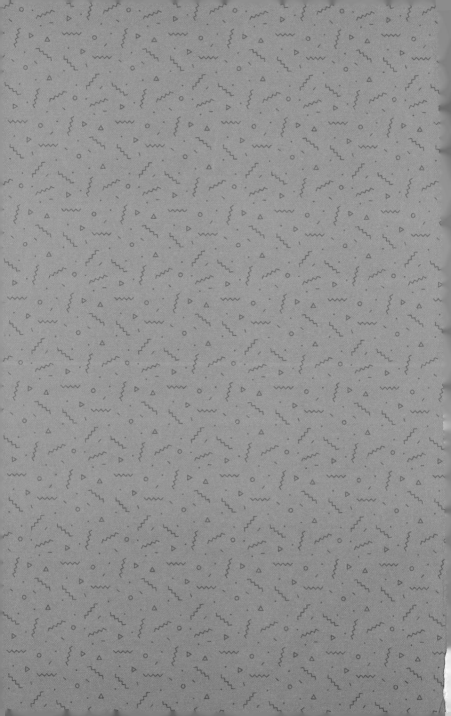

살면서 한번은 경제학 공부

살면서 한번은
경제학 공부

쉽게 배워 바로 써먹는 경제적 사고 습관

김두얼 지음

21세기북스

세상을 이끌어갈 힘,
경제 기초 근육을 다지다

일반인들에게 경제학을 쉽게 소개하는 인터넷 강의를 의뢰받으면서 이 책은 시작되었다. 어떤 내용으로 강의를 채울지 고민하다가, 나는 수요-공급 모형을 소개하고 이것을 활용하는 내용을 다루기로 했다. 어떻게 보면 원래 기획과는 달리 다소 딱딱하고 어렵게 보일 수도 있었지만, 많은 분들은 내 취지를 이해해주셨고, 강의 그리고 강의를 토대로 한 이 책을 좋아해주셨다. 수많은 경제학 개설서들이 있지만, 수요-공급 모형에만 초점을 맞추고 입문자가 편하게 읽을 수 있도록 쓴 책은 없었던 점이 이런 관심을 받게 된 이유가 아닐까 조심스럽게 짐작해본다. 강의를 시청해주신 분들 그리고 이 책을 읽어주신 많은 분들께 이 자리를 빌어 감사 인사를 드린다.

개정판을 내게 된 것은 초판에 대해 가지고 있던 아쉬움을 털어내고자 함이다. 여덟 번이라는 강의 횟수 그리고 한 번에 40분이라는 시간 제한을 고려해서 진행된 인터넷 강의를 다소 서둘러 책으로 옮기다 보니 여러 가지로 부족한 점이 있었다. 개정판은 원래 강의의 구성에 얽매이지 않고 오롯이 책으로서의 완성도를 높이는 방향으로 새로운 내용을 추가하고 구성을 조정했다.

가장 크게 바뀐 부분은 세 가지다. 첫째, 한계효용-한계비용 모형을 단순히 수요-공급 모형을 위한 전 단계로서가 아니라, 그 자체로서도 유용한 모형이라는 것을 보여주기 위해 여러 가지 사례를 추가했다. 둘째, 한계효용-한계비용, 그리고 수요-공급 곡선의 이동과 활용을 보다 체계적으로 서술하고 사례를 통해 설명했다. 셋째, 시장과 정부 간의 관계에 대한 이해를 돕고자 국가가 존재하는 이유를 수요-공급 모형으로 설명하는 장을 더했다. 내용을 늘리는 것과 아울러 전체적인 논의의 흐름이 보다 자연스러울 수 있도록 장-절 구분과 배치를 새로이 했다. 그 결과 보다 알차고 짜임새 있는 책이 되었다고 자부한다.

개정판 작업을 흔쾌히 동의하고 작업해주신 윤서진 팀장님과 강혜지 편집자 덕분에 이 책이 나올 수 있었다. 이해황 선생님, 홍춘욱 박사님, 빠숑 김학렬 선생님, 권남훈 교수님, 민세진 교수님 등 여러 분들께서 초판이 나왔을 때 이 책을 널리 알려주셔서 많은 분들이 이 책을 읽어주셨고 개정판도 가능했다. 이분들께 감사를 드린다. 아울러 비전공자를 대상으로 진행한 명지대학교의 교양강좌 경제학원론 수업은 개정판을 준비하는 데 큰 도움이 되었다. 수업을 함께한 학생들에게도 고맙다는 인사를 전한다.

여러 분들의 성원과 도움으로 탄생한 개정판을 통해 보다 많은 분들이 경제학을 접하고 실생활에 활용할 수 있기를, 그럼으로써 보다 행복한 삶을 누리기를 기원한다.

2023년 10월

김두얼

경제학이
내것이되는순간

세상은 복잡하다. 경제는 더욱 그렇다. 모른 척해버리고 싶다. 하지만 안타깝게도 그것은 불가능하다. 식당에서 밥을 먹고 찻집에서 커피를 마시는 일상적인 일들부터 취업, 주택 마련, 노후 준비 같은 삶의 중요한 결정들까지 우리 삶은 모두 경제와 관련되어 있기 때문이다.

외면할 수 없다면 당당하게 맞서보는 게 어떨까? 복잡한 세상에 휘둘리기보다는 경제를 이해하는 힘을 길러 세상을 이끌어가는 삶을 살아보는 게 좋지 않을까? 그러려면 공부를 해야 한다. 나 혼자 머리를 싸매고 노력해볼 수도 있지만 전문가의 도움을 받으면 더 쉽게 그리고 효율적으로 능력을 갖출 수 있을지 모른다. 근육을 기를 때 트레이너의 도움을 받는 것이 효과적이듯이 경제에 대한 분석 능력을 갖추는 데에도 경제 전문가의 안내가 큰 도움이 될 수 있다.

경제처럼 복잡한 현상을 이해하는 데에는 여러 가지 접근이 가능하다. 그 가운데 경제학자들이 활용하는 가장 일반적인 방법은 추상화抽象化다. 추상화란 우리가 관심을 가지는 질문을 가져다놓은 뒤, 그 질문과 직접 관련 있는 것만 남긴 채 나머지는 과감하게 잘라내는 것이다. 이런 단순화 작업 끝에 남는 뼈대를 통해 현상의 본질을 파악한 뒤, 여기에다 발라냈던 요소들을 하나씩 가져다 붙이는 방식으로 현실을 재구성한다. 그러면 복잡해 보이기만 하던 현상을 체계적으로 그리고 더 깊이 이해할 수 있다.

지난 300여 년간 뛰어난 경제학자들이 추상화를 통해 경제 현상을 분석했고, 그 과정에서 태어난 것이 수요-공급 모형이다. 누구나 한 번쯤은 들어본 적 있을 수요-공급 모형은 수요곡선과 공급곡선이라는 단 두 개의 선으로 구성되어 있다. 세상의 복잡한 경제 현상을 이렇게 쉬운 그림에 다 담을 수 있다고, 그리고 이 그림을 이용해서 경제 문제의 본질을 더 잘 이해할 수 있다고 주장하는 경제학자들은 어쩌면 세상의 어떤 화가보다 대담하게 추상화抽象畫를 그리는 사람인지도 모른다.

이 책의 목적은 수요-공급 모형만큼이나 단순하다. 독자들의 머릿속에 수요-공급 모형을 『어린 왕자』에 나오는 바오바브나무처럼 탄탄하게 뿌리박게 하는 것이다. 그래서 독자들의 뇌가 수요-공급 모형을 자유자재로 활용하게 하는 것이다. 신문이나 TV에서 경제 뉴스를 볼 때마다 수요-공급 모형이 눈앞에 파노라마처럼 펼쳐지도록 하는 것이다. 이런저런 경제 용어를 잘 아는 박식한 사람이 아니라 수요-공급 모형으로 생각할 줄 아는 능력을 갖출 수 있도록 만드는 것이다.

비전공자를 대상으로 한 경제학 강의를 하고, 네이버와 21세기북스에서 이것을 기초로 책으로 낼 기회를 주었을 때, 나는 오랜 꿈에 도전하는 기회로 삼겠다고 마음먹었다. 경제학 전공자가 아니어도 편안하고 재미있게 즐길 수 있는 강의를 해달라는 요청이었지만, 나는 그런 말랑말랑한 수업을 하지 않겠다고 선언했다. 강의를 처음부터 끝까지 수요-공급 모형만으로 온전히 채우기로 했다. 수요-공급 모형만 가지고도 세상의 많은 현상을 설명할 수 있다는 것을 청중과 독자들에게 보여주기로 했다. 말 그대로 끝까지 가보기로 했다.

여덟 번의 인터넷 실시간 강의 내내 수요-공급 곡선을 이리저리 움직이며 다양한 경제 현상을 설명해대는 바람에, 네이버 정순지 팀장과 관계자들은 접속자 수가 적을까 봐 속을 끓였다. 윤홍 팀장, 남영란 편집자를 비롯한 21세기북스 관계자들은 수요-공급 곡선으로 가득 찬 책을 누가 사 보겠느냐는 말을 차마 못 하고, 그저 책을 독자들에게 더 친근하게 다가가도록 만들 방안을 쥐어짜느라 밤을 지새웠다.

독자들이 원하는 책보다는 독자들에게 필요한 책을 만들어야 한다는 나의 고집을 받아주고, 멋진 모습을 갖춘 책이 나올 수 있도록 힘써주신 모든 분께 감사드린다. 아무쪼록 많은 분이 이 책과 네이버 동영상을 통해 수요-공급 모형을 자기 것으로 만들길, 온전히 내 것이 된 경제학을 삶이라는 긴 여정의 길동무로 삼길 기원한다.

2021년 5월

김두얼

차
례

1부 수요-공급 모형

1장 │ 경제학이라는 쉽고 유용한 도구

2장 │ 자급자족

2부 수요-공급 모형의 확장과 활용

3부 정부와 시장

11장 | 정부의 시장개입

12장 | 경제성장과 경기변동

- 경제는 물질적 삶의 다른 이름이다. 그리고 경제학은 물질적 삶을 이해하고 개선함으로써 사람들이 더 행복한 삶을 누릴 수 있는 방안을 모색하는 학문이다.

1부

수요·공급 모형

1장   경제학이라는 쉽고 유용한 도구

─────────── **우리는 매 순간 경제 문제와 마주한다**

경제는 늘 곁에 있다. 버스나 지하철을 타고, 직장에 나가 일을 하고, 식당에서 밥을 먹고, 마트에서 물건을 사는 우리의 일상이 모두 경제활동이다. 내 생활을 돌아보고 더 나은 삶을 추구하려는 노력들이 경제에 대한 고민과 이해와 직결되어 있는 것도 그 때문이다. 그러한 의미에서 경제학은 일상적인 삶을 생각하는 유용한 도구다. 평소 우리가 하는 일을 다루는 학문이기에 더욱 친근하고 쉽다.

정말 그럴까? 몇 가지 사례를 살펴보자.

1960년대 어느 날, 미국 뉴욕의 컬럼비아대학교에 근무하던 게리 베커Gary Becker 교수는 논문 심사를 위해 차를 몰고 학교로 가고 있었다. 그런데 예정보다 조금 늦게 출발하는 바람에 학교 주차장에 차를 세우면 제시간에 심사장에 도착하기 어려웠다. 베커 교수는 잠시 고민하다가 그냥 심사장 근처 길가에 주차를 하면 어떨까 생각했다. 운 좋게 주차 단속에 걸리지 않는다면 늦지 않고 심사장에 도착할 수 있다. 하지만 운이 나쁘면 적지 않은 벌금을 물어야 한다.

베커 교수는 주차 단속에 걸릴 가능성이 얼마나 될지, 그리고 내야 할 벌금이 얼마인지 고민하다가 결국 길가에 차를 세우고 심사장으로 향했다. 다행히 제시간에 심사장에 도착할 수 있었고, 일을 끝내고 돌아와 보니 주차 단속에도 걸리지 않았다.

이런 경험을 하면 대부분의 사람들은 '오늘은 운이 좋은 날이네!'라고 생각하며 주변 사람들에게 무용담인 양 이야기를 들려줄 테고, 그게 다일 것이다. 베커 교수는 달랐다. 그는 이날 겪은 일로부터 영감을 받아 사람들이 법을 어기는 이유가 무엇인지에 대해 탐구하기 시작했다. 그리고 1968년 「죄와 벌: 경제학적 접근」이라는 논문을 발표했다.[*]

베커 교수처럼 많은 경제학자들은 일상에서 마주치는 사소한 일들로부터 영감을 얻어 연구를 시작한다. 미시간 주립대학교 최재필 교수의 경우를 보자. 그는 아침에 화장실에서 소변을 본 뒤 변기 좌대를 올려놓은 채로 그냥 두어야 할지, 아니면 아내를 위해 내려놓아야 할지를 항상 고민했다. 변기 좌대를 그대로 두면 자신이 추가적인 수고를 하지 않아도 된다. 하지만 변기를 사용할 아내를 위한다면 좌대를 내려놓아야 하고, 그러기 위해서는 작지만 약간의 노력을 들여야 한다. 게다가 아내가 사용하기 전에 다시 또 자신이 좌대를 올리고 변기를 사용할 수도 있는데, 그러면 불필요한 수고를 들인 셈이 된다.

어떻게 하는 것이 좋을까? 오랫동안 이 문제를 고민하던 끝에 그는 본격적으로 연구에 들어갔다. 그리고 마침내 「올려둘까 내려놓을까: 변기 좌대 예절에 대한 남성 경제학

[*] ——— Gary S. Becker, "Crime and Punishment: An Economic Approach," *Journal of Political Economy* Vol. 76, No. 2 (1968), pp. 169-217.

자의 선언」이라는 논문을 내놓았다.[*] 결론은 무엇일까?

최재필 교수는 수식으로 가득한 10쪽가량의 논문을 통해 변기 좌대를 사용한 그대로 두는 것이 사회적으로 효율적임을 이론적으로 규명했다. 남자는 좌대를 올리고, 여자는 좌대를 내리고 볼일을 본 뒤에 남자건 여자건 자신이 사용한 그대로 좌대를 놓아두고 나오는 것이 사회적으로 효율적이라는 뜻이다.

많은 분들에게 위의 두 사례는 신선하게 혹은 엉뚱하게 느껴질 수 있다. 특히 경제학을 나와는 거리가 먼 어려운 학문이라고 생각하는 분들에게는 더욱 그럴 것이다. 사실 대부분의 경제학자는 앞의 사례처럼 가벼워 보이는 주제보다는 실업, 경기 침체, 물가상승, 불평등처럼 무겁고 어려운 문제를 연구한다. 하지만 따지고 보면 이런 큰 주제 역시 나와 우리 이웃이 매일, 매 순간 겪고 있는 일들이다. 차에 기름을 채우면서 "기름값이 왜 이리 올랐어?"라고 의아해하거나, "왜 내 친구들은 열심히 공부하고 능력도 뛰어난데 취직

[*] ———— Jay P. Choi, "Up or Down?: A Male Economist's Manifesto on the Toilet Seat Etiquette," *Economic Inquiry* Vol. 49, No. 1 (2011), pp. 303-309.

을 못할까?"라는 의문을 가져본 분이라면, 경제학자들의 연구가 먼 세상 걱정이 아니라 내 생활과 밀접하게 관련이 있음을 쉽게 공감할 수 있을 것이다.

앞의 두 사례가 다룬 주제도 언뜻 보기에는 경제와 거리가 멀어 보이지만 따지고 보면 그렇지 않다. 베커 교수의 경우를 보자. 그는 주차위반 경험에서 영감을 얻어 범죄에 대한 연구를 시작했다. 그런데 주차 문제뿐 아니라 무단횡단, 쓰레기 버리기, 고성방가처럼 사소한 범법 행위에 대한 유혹은 일상생활 속 우리 주변에 늘 존재한다. 불가피하게 이런 행동을 해야 할 상황에서 사람들은 적발되지 않았을 때 얻게 될 이익과 혹시라도 적발되었을 때 물어야 할 손실을 견주어본다. 법을 어기는 것이 옳지 않고 처벌을 받을 수도 있다는 것을 알면서도 범법 행위를 과감하게 실행하는 이유는 법을 어길 때 얻게 되는 이득이 손실보다 크다고 판단하기 때문이다.

이런 고민 과정에서 적발 가능성은 핵심 고려 사항이다. 경찰이 얼마나 자주 순찰을 하는지, 감시 카메라가 얼마나 많이 설치되어 있는지 여부는 범법 행위가 발각될 확률을 결정하며, 이 가능성이 높을수록 사람들은 다소 불편하더라도 법을 지키고자 한다. 문제는 순찰을 하고 감시 카메라를 설치하려면 비용이 발생한다는 사실이다. 범죄를 예방하고 사회질서를 유지하는 일 또한 경제 문제인 이유도 그 때문이다.

나아가 사기, 폭행, 강도, 살인처럼 심각한 범죄의 경우에는 벌금을 물리는 데에 그치지 않고 재판을 통해 범죄자를 교정 시설에 수용하기도 한다. 여기에는 더 많은 돈이 든다. 예를 들어 우리나라는 2022년에 하루 평균 5만 1,000여명을 교정 시설에 수용했다.* 그리고 이 인원을 관리하는데에 적지 않은 예산을 지출했다. 정부는 범죄를 저지른 사람을 사회로부터 격리하고 아무 일도 하지 않도록 하는 데에 막대한 돈을 쓰는 셈이다. 물론 이 범죄자들을 체포하고 재판을 하는 데에 드는 돈까지 포함하면 비용은 훨씬 더 커진다.

범죄를 예방하고 범죄자를 교정해 다시 죄를 짓지 않도록 하는 것은 중요하다. 하지만 우리가 내는 세금을 범법자 처벌이나 교정 시설 수용에 쓰는 대신 사회복지를 늘리거

---

* ——— 법무부, 『2022 법무연감』, 2023.

나 학교 등을 짓는 데에 쓴다면 국민들의 삶이 훨씬 더 풍요로워질 수도 있다. 이처럼 우리 사회가 범죄 예방을 위해 쓸 수 있는 자원이 얼마나 되는지, 이렇게 자원을 쓰기 위해 포기해야 하는 것이 무엇인지, 그리고 이 자원을 어떻게 하면 효과적으로 사용할 수 있는지를 고민하는 순간, 범죄는 경제학의 주요 문제가 된다.

베커 교수는 1968년에 발표한 논문에서 범죄자들이 어떤 동기로 범죄를 저지르는지, 범죄 예방을 위해서는 어떤 수단을 사용할 수 있는지, 그리고 그에 따라 얼마만큼의 비용이 드는지를 분석하는 토대를 마련하는 중요한 이론을 제공했다. 그리고 이 논문은 오늘날 경제학의 중요한 분야로 자리 잡은 '법경제학'의 탄생에 크게 기여했다. 많은 경제학자들은 이 논문 이후 범죄와 관련한 다양한 연구들을 수행해왔으며, 베커 교수는 이런 공로 등을 인정받아 1992년에 노벨 경제학상을 수상했다.

최재필 교수의 연구도 마찬가지다. 만일 이 연구가 변기 좌대를 올려놓느냐 내려놓느냐를 따지는 것에서 그쳤다면, 그야말로 기발하지만 '쓸데없는' 연구에 수여되는 이그노벨상 후보가 되었을지도 모른다. 그뿐만 아니라 그 논문이 실린 훌륭한 학술지에도 게재되지 못했을 것이다. 사실 변기 좌대는 독자들의 주목을 끌기 위한 하나의 사례일 뿐이다. 이 논문에서 밝혀낸 원리는 변기 좌대에만 그치지 않고 우리 주변의 많은 일들에 적용될 수 있기 때문에, 그러한 원리를 분석하는 것은 그저 호기심을 유발하는 것 이상의 의미가 있다.

엘리베이터를 생각해보자. 우리는 일상적으로 아파트, 회사, 마트 등에서 엘리베이터를 자주 이용한다. 그런데 사람들은 1층에서 엘리베이터를 타려고 하면 왜 엘리베이터가 항상 꼭대기 층에 있고, 꼭대기 층에서 타려고 하면 왜 항상 1층에 있는지 모르겠다며 의아해한다. 이런 불만을 최소화하려면 승객이 없는 엘리베이터를 몇 층에 세워두는 것이 합리적일까?

실제로 엘리베이터를 만드는 사람들은 이 문제에 대해 많이 고민한다. 예를 들어 20층짜리 건물이 있다고 해보자. 누군가 1층에서 엘리베이터를 타고 12층에서 내렸다. 그 뒤이 엘리베이터를 1층으로 다시 돌려보내는 것이 좋을까, 아니면 12층에 그대로 두는 것이 좋을까? 또는 엘리베이터를 20층짜리 건물의 가장 중간인 10층에 놓아두는 것이 효율적일까?

자동차 운전석도 마찬가지다. 부부가 차 한 대를 함께 사용하는 경우를 생각해보자. 남성과 여성은 신체 조건이 다르다 보니 운전하기 좋은 핸들 높이나 의자 위치 등이 다르다. 이 때문에 운전을 하고 집에 돌아온 남편은 화장실을 이용한 최재필 교수와 비슷한 고민에 빠진다. 운전석 위치를 그대로 둘까, 아니면 아내가 이용하기 편하도록 조정해둘까?

변기 좌대와 동일한 구조를 가진 문제는 이 세상에 아주 많이 존재한다. 최재필 교수는 쓸데없는 문제를 연구한 것이 아니라 일상에서 흔히 마주치는, 그러나 사람들이 주목하지 않던 문제를 포착하고 분석한 것이다. 변기 좌대는 사람들의 주목을 끌기 위해 내세운 다소 엉뚱한 사례일 뿐이다.

——— 경제학자처럼 생각하기

창의력은 새로운 것을 생각하고 만들어내는 힘이다. 이런 능력을 가진 개인이나 사회는 현재보다 더 나은 삶을 누릴 수 있다. 창의력은 매일 보거나 겪는 일들을 당연하게 여기지 않고 의문을 던지는 데에서부터 시작한다. 예를 들어 인류 문명이 탄생한 이래로 사과가 나무에서 떨어지는 것을 본 사람은 수억 명이었다. 하지만 그 현상으로부터 만유인력의 법칙이라는 원리를 생각해낸 사람은 아이작 뉴턴뿐이었다. 뻔한 현상을 그냥 지나치지 않는 능력 덕분에 그는 세상을 이해하는 근본 원리를 제시할 수 있었다.

경제학은 이런 방식으로 우리에게 도움을 준다. 경제학을 머릿속에 가지고 있으면 어떤 현상을 보았을 때 '경제학에 따르면 사람들이 이렇게 행동해야 할 것 같은데 왜 그렇지 않을까?' 하는 생각을 할 수 있도록 도와준다. 이런 능력은 나와 내 주변의 세상을 새롭게 바라보고 깊이 이해할 수 있도록 하는 원동력이다. 나아가 창의적인 생각과 활동을 할 수 있는 토대를 제공한다.

어떻게 하면 내 머릿속에도 경제학을 들어앉힐 수 있을까? 경제학적으로 생각하는 능력을 갖는 것은 쉽지 않다. 경제학에 대한 기초 지식을 얻기 위해 많은 사람들은 4년 동안 대학에서 공부를 하고, 어떤 사람들은 5년 이상 시간을 들여 박사 학위를 취득한다. 많은 경제학 이론은 매우 복잡해서 이해하기도 어렵고, 설령 열심히 공부해 익혔더라도 그 이론들을 적재적소에 맞게 자유자재로 활용하기도 쉽지 않다.

하지만 경제학적으로 생각하는 능력을 갖추는 것이 그렇게 어려운 일만은 아니다. 경제학 연구들은 매우 복잡하기도 하고 최재필 교수의 논문처럼 어마어마해 보이는 수식들이 포함되어 있기도 하지만, 대개는 놀라울 정도로 단순한 구조를 가지고 있다. 그 가운데 가장 기본적이고 대표적인 것이 수요-공급 모형이다. 경제학 논문에 등장하는 복잡해 보이는 많은 이론들은 사실 수요-공급 모형을 분석 대상에 부합하도록 정교하게 만들거나 세밀하게 다듬는 것일 뿐이다. 아주 단순화해 이야기하면, 경제학자와 비경제학자의 차이는 일상에서 일어나는 현상과 문제들을 수요-공급 모형의 관점으로 대하는지 아닌지로 구분된다.

수요-공급 모형은 매우 단순하다. 경제학 전공자가 아니라도 한 번쯤 들어보았을 이 모형은 너무 단순해서 굳이 이런 걸 익히려고 몇 년씩 공부를 하나 하는 의문이 들 정도다. 여기에 대해서는 두 가지 답이 있다.

첫째, 이론은 단순할수록 좋고, 그런 만큼 활용도도 높다. 수요-공급 모형이 직관적으로 쉽게 이해된다는 점, 약간의 시간과 노력을 들이면 누구나 이해할 수 있다는 점은 모형의 약점이 아니라 장점이다.

둘째, 이론을 활용할 수 있으려면 단순히 설명을 듣고 이해하는 데에 그치지 않고 그것을 자연스럽게 사용할 수 있도록 머릿속에 장착해야 한다. 이를 위해서는 많은 시간과 노력이 필요하다. 태권도를 배우는 과정을 생각해보자. 주먹지르기나 발차기는 태권도를 배우지 않아도 할 수 있다. 태권도 동작을 본 사람이면 비슷하게 흉내를 내는 것도 어렵지 않다. 하지만 유단자처럼 멋진 모습으로, 그리고 파괴력을 담아 주먹을 내지르고 발차기를 하려면 훈련을 해야 한다. 몇 달 혹은 몇 년에 걸쳐 주먹지르기와 발차기라는 단순한 동작을 반복하고 또 반복해야 한다. 그러다 보면 어느 순간 자세가 안정되고 움직임도 민첩해지며 발과 주먹에 힘이 실린다. 그렇게 5년, 10년을 지속하면 유단자도 되고, 금메달리스트처럼 멋진 몸놀림으로 상대방을 제압할 수 있다.

수요-공급 모형도 마찬가지다. 보통 사람들이라면 한 시간 정도, 뛰어난 지능을 가진 사람이라면 훨씬 짧은 시간으로도 이 모형을 이해할 수 있다. 문제는 그다음이다. 우리 주변의 경제 현상을 분석하는 데에 자유자재로 적용할 수 있으려면 이 모형을 단순히 이해하는 것에 그치지 않고 내 머리가 수요-공급 모형에 따라 작동하도록 만들어야 한다. 태권도 유단자처럼 되려면 주먹지르기와 발차기의 원리를 이해하는 것뿐 아니라 훈련을 통해 몸에 익혀야 하듯이, 수요-공급 모형을 머리에 장착하기 위해서는 연습이 필요하다.

이 책은 수요-공급 모형을 쉽게 배우고 효과적으로 습득할 수 있도록 돕는 길잡이이다. 물론 이 책을 숙지한다고 해서 경제학 박사 수준의 경제학 지식이나 분석 능력을 갖추게 되는 것은 아니다. 다만 우리가 류현진 선수처럼 야구를 잘하진 못해도 야구 규칙이나 선수들의 특징들을 많이 알수록 경기를 훨씬 더 재미있게 즐길 수 있는 것처럼, 수요-공급 모형을 잘 익혀두면 세상을 더 깊이 이해하고 우리 삶을 발전시킬 수 있다. 그것이 우리가 경제학을 공부해야 하는 이유다.

수요-공급 모형

세상은 복잡하다. 경제는 더욱 그렇다. 복잡한 현상을 설명하려면 복잡한 이론이 필요할 수 있다. 욕조에 담겨 있던 물이 배수구로 빠져나갈 때 생기는 소용돌이처럼 간단한 현상을 설명하는 데에 얼마나 어려운 수학이 사용되어야 하는지와 비교한다면, 세계 금융위기 같은 문제를 다루는 데에 사용되는 복잡한 경제 이론이나 수학 모형들은 사실 너무 단순한 것일지도 모른다.

하지만 복잡한 현상을 분석한다는 것과 결과를 알아듣기 쉽게 설명하는 것은 다른 차원의 문제다. 경제학을 전공하는 사람들 사이에서라면 모를까 일반인들, 심지어 경제학 내에서도 서로 전공이 다른 사람들에게 연구 결과를 설명하려면 상대방이 알아들을 수 있는 평이한 방식으로 풀어내는 것이 중요하다.

그래서 경제학자들은 어떤 현상에 대한 자신의 분석 결과를 '직관적'으로 와닿도록 설명하고자 노력한다. 이것은 곧 경제학 지식이 없는 사람들도 알아들을 수 있는 방식으로 설명하기 위해 노력한다는 의미이며, 이렇게 설명할 수 있는 능력을 매우 높게 평가한다. 그래서 경제학 수업에서는 시험에 "옆집에 사는 아저씨, 아주머니에게 이야기하듯 설명하시오" 같은 문제를 출제하기도 한다.

그림을 활용하는 것은 직관적인 설명의 한 가지 방법이다. 여러 쪽에 걸쳐 서술하는 내용을 한눈에 들어오도록 해

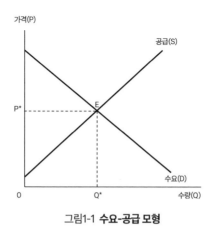

그림1-1 **수요-공급 모형**

줌으로써 우리의 이해를 증진한다. 수요-공급 모형을 통한 설명도 마찬가지다. 수요-공급 모형을 그림으로 그려보는 것은 빠르고 정확하게 문제를 생각하는 데에 도움이 될 뿐 아니라, 다른 사람에게 설명하는 데에도 유용하다.

그림1-1은 수요-공급 모형을 그림으로 제시한 것이다. 경제학을 공부하지 않은 분들도 더러 이 그림을 본 적이 있을 것이다. 뒤의 4장에서 설명하겠지만 이 그림은 수요와 공급이라는 힘이 가격과 거래량을 결정한다는 것을 매우 단순하면서도 명확하게 한눈에 보여준다. 아울러 이후에 설명하는 것처럼 이 그림을 이용하면 여러 가지 경제 정책들이 어떤

효과를 가져오는지를 쉽게 파악하고 설명할 수 있다.

이 책은 여러 가지 경제 문제를 수요-공급 모형에 입각해 최대한 말로 풀어 설명했다. 이와 아울러 그림도 함께 제시했다. 경제 현상을 이해하고 즐기는 것에 목적을 둔다면 글만 읽어도 좋다. 그러나 이런 내용을 수요-공급 모형으로 어떻게 표현하는지, 나아가 수요-공급 모형을 어떻게 다루는지 함께 공부한다면 여러분 스스로 경제 현상을 분석하는 능력을 습득할 수 있다.

진정으로 경제학을 곁에 두고 싶다면 머릿속에서 수요-공급 모형을 그리고 마음대로 활용할 수 있도록 이 책에 제시되는 그림들을 꼼꼼하게 살펴보고 스스로 그려보기 바란다. 이런 훈련을 통해 수요-공급 모형을 머릿속에서 자유롭게 다룰 수 있게 되면 여러분은 경제학을 곁에 두고 있다고 자신 있게 이야기해도 좋다.

세상을 이해하는 새로운 틀

수요-공급 모형은 망원경이나 현미경의 렌즈와 비슷하다. 렌즈가 빛을 굴절시켜 육안으로 볼 수 없는 먼

곳이나 자그마한 것을 볼 수 있도록 하듯이, 수요-공급 모형은 일반 상식만으로는 알아차리기 어려운 경제의 여러 측면을 파악할 수 있도록 돕는다. 수요-공급 모형이라는 렌즈는 세상을 새롭게 볼 수 있도록 돕는 길잡이라 할 수 있다.

망원경이나 현미경을 이용하려면 우선 렌즈의 기본 원리를 어느 정도 이해하고 기구의 작동법도 배워야 한다. 수요-공급 모형도 마찬가지다. 그래서 먼저 2장부터 4장까지는 수요곡선과 공급곡선이 무엇인지, 두 곡선이 만나는 곳에서 재화의 가격과 수량이 정해진다는 것이 무슨 의미인지 등을 차근차근 살펴보기로 한다. 그리고 5장 이후로는 이렇게 익힌 수요-공급 모형을 활용해서 우리 사회의 다양한 현상들을 분석해볼 것이다.

2장 | 자급자족

─────── 행복

행복은 삶의 궁극적 목적이다. 하지만 '무엇이 행복인가?'라는 질문에 선뜻 답하기는 어렵다. 많은 요소들 가운데 물질적 풍요는 대부분의 사람들에게 행복을 가져다줄 수 있는 중요한 기반이다. 부자가 된다고 반드시 행복해지는 것은 아니지만, 가난에서 벗어나는 것이 즐거운 삶을 살 수 있는 출발점 정도는 될 수 있다는 뜻이다. 경제는 물질적 삶의 다른 이름이다. 그리고 경제학은 물질적 삶을 이해하고 개선함으로써 사람들이 더 행복한 삶을 누릴 수 있는 방안을 모색하는 학문이다.

물질적 행복은 소비에서 비롯한다. 좋은 집에 살고 멋진 옷을 입고 맛있는 음식을 먹는 것은 인간에게 즐거움을 가져다준다. 그래서 경제학자들은 소비를 중요하게 생각한다. 하지만 세상 대부분의 사람들은 소비를 하려면 힘들여 돈을 벌어야 한다. 생산을 해야 소비를 할 수 있다는 의미다. 소비와 생산이 경제활동의 중요한 두 축인 이유다.

사람들이 소비와 생산을 할 때 가장 두드러지는 사실은 다른 사람들과 함께한다는 점이다. 내가 먹는 음식의 모든 재료를 혼자 직접 키우고 손질해 조리하는 사람은 매우 드물다. 오늘날 대부분의 사람들은 자신이 공들여 생산한 재화나 서비스를 다른 사람들의 것과 교환한 뒤, 그것을 소비한다.

왜 그럴까? 왜 사람들은 자급자족하지 않고 서로 교환하며 살까? 가령 우리나라 국민들이 모두 자기만의 성 안에서 스스로 자신이 필요한 것을 생산하고 그것만 소비하며 산다고 가정해보자. 그러면 매일 출퇴근을 해야 하는 피곤함도 없을 테고, 상사로부터 스트레스를 받는 일도 없을 테고, 원치 않는 회식 자리에 쭈그려 앉아 있어야 하는 고역스러움도 없을 테니 삶이 좀 더 행복하지 않을까?

'인간은 왜 교환을 하며 사는가?' 또는 '인간은 왜 무리지어 사는가?'라는 질문은 경제학, 나아가 사회과학의 출발점이자 가장 핵심적인 문제다. 여기에 대해서는 다양한 답이 제시되어왔다. 예를 들어 아리스토텔레스는 인간은 사회적 동물이라고 규정함으로써 이 문제에 대한 답을 내놓았다. 하지만 인간은 애초부터 사회적으로 살도록 되어 있기 때문에 함께 모여 살면서 역할을 나누어 맡는다는 이런 언명은 동어반복일 뿐 설명을 제시한 것이라고 보기는 어렵다.

이 장에서는 경제학적 방식으로 이 문제에 접근해보고자 한다. 경제학적 접근이란 우리가 어떤 행동을 하는 것은 그렇지 않을 때보다 더 이득이기 때문이라고 이유를 제시하는 것이다.

이를 위해 혼자 생산하고 소비하는 자급자족의 삶을 통해 얻는 행복과, 다른 사람과 교환하면서 생산과 소비를 할 때 누리는 행복의 크기를 비교해보기로 한다. 그런 뒤 후자가 전자보다 행복이 더 크기 때문에 자급자족의 삶을 살 수 있음에도 불구하고 상호작용하는 삶을 택한 것임을 보일 것이다. 이를 위해서는 혼자 사는 사람이 얼마만큼의 행복을 누리는지, 그리고 교환을 하면 얼마나 더 행복해지는지 파악해야 한다.

소비와 효용

자급자족하는 삶을 통해 누릴 수 있는 행복은 얼마나 될까? 『로빈슨 크루소』는 이 질문에 대한 답을 구하는 좋은 출발점이다.

『로빈슨 크루소』는 대니얼 디포Daniel Defoe가 1719년 영국에서 발간한 장편소설이다. 소설의 주인공인 로빈슨 크루소는 배가 난파하는 바람에 28년 동안 남태평양의 어느 한 섬에서 혼자 살아간다. 로빈슨 크루소의 삶을 생동감 있게 묘사한 이 소설은 당대에는 물론 오늘날까지도 많은 독자들의 사랑을 받고 있다.

소설에 묘사되어 있는 로빈슨 크루소는 살아남기 위해 거북이알과 조개를 줍고 생선도 잡아먹는 등 다양한 활동을 한다. 여기에서는 자급자족하는 삶의 본질을 포착하기 위해 그의 삶을 극단적으로 단순화해보기로 하자.

우선 로빈슨 크루소는 의식주 가운데 먹는 문제만 해결하면 살아가는 데에 아무 문제가 없다고 가정해보자. 그리고 한 걸음 더 나아가 먹을 것을 구하러 다니지 않아도 필요한 식량이 먹고 싶은 만큼 항상 주어진다고 가정하자. 즉 생산 없이 소비만 하면 된다고 상정하는 것이다. 마지막으로, 살면서 여러 가지 음식을 먹게 되겠지만 로빈슨 크루소는 바나나만 먹는다고 가정해보자. 당연히 비현실적이다. 하지만 이런 단순화는 우리가 소비를 통해 얻는 행복이 얼마인지, 그리고 그것이 어떻게 결정되는지를 파악하는 데에 요긴하다.

어느 날 아침, 로빈슨 크루소는 여느 때처럼 잠에서 깨어났다. 그리고 배가 고팠다. 그는 허기를 달래기 위해 바나나 하나를 입에 물었다. 바나나를 먹고 나니 배고픔이 사라지면서 행복해졌다. 경제학에서는 소비를 통해 느끼는 행복을 '효용utility, U'이라고 부른다. 편의상 그림2-1의 (A)에 나타낸 것처럼 바나나 하나를 먹어서 느끼게 된 효용을 100이라고 하자.

안타깝게도 로빈슨 크루소는 바나나 하나로는 허기를 충분히 달래지 못했다. 그래서 바나나를 하나 더 먹었다. 추가로 바나나를 먹었기 때문에 그만큼 허기가 더 줄어들었고, 그의 행복 또는 효용은 증가했다. 여기서 두 번째 먹은 바나나는 90만큼 효용을 가져다주었다. 첫 번째 먹은 바나나가 주는 만족에는 못 미치는 양이다.

이것은 두 시간 동안 땀 흘리며 운동한 뒤 물을 마실 때의 상황과 같은 원리라고 할 수 있다. 운동 직후 처음 물 한 모금을 마시면 갈증이 해소되면서 행복을 느낀다. 하지만

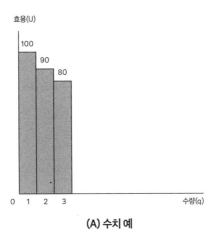

(A) 수치 예

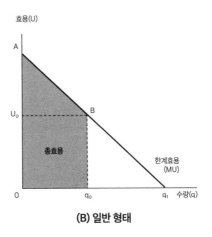

(B) 일반 형태

그림2-1 **한계효용과 총효용**

여전히 목이 말라 물 한 모금을 더 마시면 갈증이 더 줄어들고 더욱 행복해지겠지만, 두 번째 모금은 첫 번째보다 청량감의 수준이 조금 낮을 것이다.

경제학에서는 바나나를 먹을 때 각 바나나가 주는 효용을 '한계효용marginal utility, MU'이라고 한다. '한계'는 경제학에서 많이 사용하는 용어로 '추가'라는 뜻이다. 바나나를 하나 더 먹었을 때 그 바나나가 주는 만족이 바로 한계효용이다. 바나나를 추가로 먹을 때마다 해당 바나나가 주는 한계효용이 그 이전 바나나의 한계효용보다 적어지는 현상을 경제학에서는 한계효용이 '체감'한다고 부른다. 그림2-1의 (A)는 한계효용 체감을 나타낸 것이다. 소비량이 늘어날 때 한계효용이 체감하는 것은 인위적인 가정을 도입한 것이라기보다 우리의 생물학적 조건을 서술한 것일 뿐이다.

아울러 바나나를 먹음으로써 누리는 전체 만족을 '총효용total utility, TU'이라고 부른다. 총효용은 한계효용의 합이다. 위의 예에 따르면 첫 번째 바나나를 먹었을 때 그 바나나의 한계효용은 100이고, 로빈슨 크루소가 누린 총효용도 100이다. 만일 두 번째 바나나를 먹게 되면 두 번째 바나나의 한계효용은 90이고, 바나나 두 개를 통해 얻은 총효용은 190(=100+90)

이다. 세 번째 바나나의 한계효용이 80이라면, 바나나 세 개를 먹을 때 얻는 총효용은 270(=100+90+80)이다.

　로빈슨 크루소가 바나나를 하나씩 더 먹을 때마다 행복의 총량, 즉 총효용은 늘어난다. 하지만 추가로 먹는 각각의 바나나가 주는 만족감인 한계효용은 점점 줄어들기 때문에 총효용이 증가하는 속도는 줄어든다.

　그림2-1의 (B)는 그림 (A)를 일반화해 그린 것으로, 이를 한계효용곡선이라 부른다. 한계효용곡선이 우하향하는 이유는 한계효용이 체감하기 때문이다. 그림 (B)는 한계효용곡선처럼 만족을 누리는 로빈슨 크루소가 q_0번째 바나나를 먹을 때 U_0만큼 한계효용을 누린다는 것을, 아울러 q_0만큼 바나나를 먹었을 때 빗금으로 표시한 사각형(AOq_0B)만큼의 총효용을 누린다는 것을 보여준다.

　이상의 내용은 『로빈슨 크루소』라는 소설을 매우 단순화한 뒤 한계효용이라는 개념을 이용해서 재구성한 것이다. 이런 재구성은 사실 『로빈슨 크루소』라는 명작을 아주 재미없게 만드는 과정이다. 하지만 이렇게 단순화하는 과정을 통해 우리는 자급자족하는 삶의 본질을 포착할 수 있다. 그것은 다음과 같은 질문으로 집약된다. 만일 로빈슨 크루소가 위에서 서술한 것 같은 방식으로 소비로부터 만족을 누린다면 그는 바나나를 얼마나 먹을까? 그로부터 그가 누리는 행복의 양은 얼마일까?

이 질문에 대한 답은 '바나나를 하나 더 먹는 것이 추가적인 효용을 가져다주는 한 바나나를 먹을 것'이다. 바꾸어 말하자면, 한계효용이 체감하는 상황에서는 '한계효용이 0이 될 때까지'라고 표현할 수 있다. 한계효용이 0보다 클 때에는 바나나 하나를 더 먹을수록 행복이 늘어나기 때문이다. 반대로 바나나를 먹을 때 한계효용이 0보다 낮다는 것 혹은 음의 값을 갖는다는 것은 바나나를 먹는 것으로부터 고통을 느낀다는 뜻이다. 혹은 바나나가 배 속에 가득 차서 하나를 더 먹으면 먹은 것을 게워내는 상황이라고 할 수 있다.

그림2-2에 따르면 한계효용이 0이 되는 바나나의 수량은 q_1이다. q_1만큼 바나나를 먹을 때 로빈슨 크루소가 누리는 총효용은 한계효용을 모두 합한 값으로, 빗금 친 삼각형(AOq_1)만큼이다. 통상적으로 경제학에서는 이 삼각형을 '잉여surplus'라고 부른다. 이 책에서는 이것을 '행복의 삼각형'이라는 다른 이름으로도 부를 것이다.

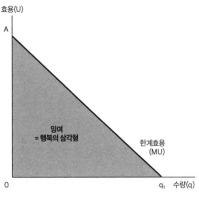

그림2-2 **잉여 또는 행복의 삼각형**

생산과 비용

지금까지 소비만 하면서도 살 수 있는 로빈슨 크루소가 어떻게 행동하고 얼마만큼 행복을 누릴지를 살펴보았다. 물론 우리가 사는 세상에서 일하지 않고 소비만 하며 살 수 있는 사람은 극히 드물다. 소비를 하려면 생산도 해야 한다. 로빈슨 크루소가 아무 노력을 하지 않아도 원하는 만큼 바나나를 먹을 수 있다고 했던 가정을 제거하고, 지금부터는 바나나를 먹으려면 바나나를 따는 노동을 해야 하는 보다 현실적인 상황을 생각해보자.

바나나를 따려면 나무까지 걸어가야 하고 때로는 나무를 타고 올라야 한다. 이 일은 힘들고 고되, 로빈슨 크루소는 될 수 있으면 힘을 덜 들이고 바나나를 따고 싶어 한다. 그래서 그는 집에서 가장 가까운 곳에 있는 나무, 그리고 그 나무의 가장 낮게 걸려 있는 바나나부터 땄다. 바나나를 따는 수고로움을 경제학에서는 '비용cost, C'이라고 부른다. 이 첫 번째 바나나를 따는 데에 드는 수고로움을 10이라고 하자.

불행히도 바나나 하나만으로는 배가 차지 않기 때문에 로빈슨 크루소는 바나나를 더 따야 한다. 두 번째 바나나는 첫 번째 바나나보다 더 높은 가지에 걸려 있다. 이것을 따려면 나무를 타고 올라가야 한다. 혹은 더 멀리 있는 나무까지 걸어가야 한다. 그래서 두 번째 바나나를 따는 데에는 첫 번째 바나나보다 더 높은 20만큼의 수고가 든다.

경제학에서는 바나나 하나를 더 딸 때마다 소요되는 추가적 비용을 '한계비용marginal cost, MC'이라고 한다. 로빈슨 크루소가 구하기 쉬운 바나나부터 따기 때문에 나중에 따는 바나나의 한계비용은 증가한다. 이런 현상을 한계비용이 '체증'한다고 부른다. 그림2-3의 (A)는 한계비용이 체증하는 모습을 제시한 것이다.

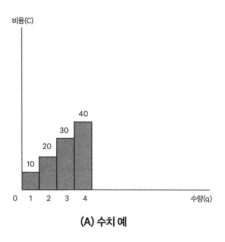

(A) 수치 예

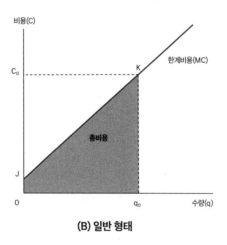

(B) 일반 형태

그림2-3 **한계비용과 총비용**

바나나를 따는 데에 들인 전체 수고를 경제학에서는 '총비용total cost, TC'이라고 한다. 총비용은 한계비용의 합이다. 위의 예에 따르면 첫 번째 바나나를 딸 때 그 바나나의 한계비용은 10이고 총비용도 10이다. 만일 두 번째 바나나까지 따게 되면 두 번째 바나나의 한계비용은 20이고, 바나나 두 개를 따는 데에 들어간 총비용은 30(=10+20)이다. 세 번째 바나나의 한계비용이 30이라면, 바나나 세 개를 딸 때 드는 총비용은 60(=10+20+30)이다. 이처럼 바나나를 따면 딸수록 총비용은 늘어나는데, 한계비용이 체증하기 때문에 바나나를 딸수록 총비용이 늘어나는 속도는 점점 커진다.

그림2-3의 (B)는 그림2-3의 (A)를 일반화한 것으로, 한계비용곡선이라고 부른다. 한계비용곡선이 우상향하는 이유는 한계비용이 체증하기 때문이다. 바나나를 딸 때 한계비용곡선처럼 수고를 해야 하는 로빈슨 크루소는 q_0번째 바나나를 딸 때 C_0만큼 한계비용을 느낀다. 아울러 q_0만큼 바나나를 따려면 빗금으로 표시한 사각형(JOq_0K)만큼 총비용을 부담한다.

비용에 대한 지금까지의 논의를 기초로 우리는 다음과

같은 질문을 제기할 수 있다. 바나나를 먹으면 행복하지만 바나나를 따려면 수고를 들여야 할 때, 로빈슨 크루소는 얼마만큼 바나나를 따서 먹을까? 그리고 그때 누리는 행복은 얼마일까?

우리는 바나나로부터 얻는 행복을 나타내는 한계효용곡선과 바나나를 딸 때 들이는 수고를 보여주는 한계비용곡선을 이용해 이 질문에 답할 수 있다. 다음 페이지에서 나올 그림2-4의 (A)는 한계효용곡선과 한계비용곡선을 함께 제시한 것이다. 이렇게 두 곡선을 동시에 가져다놓을 때, 그림의 의미는 다음과 같다. 예를 들어 로빈슨 크루소가 q_0만큼 바나나를 따서 먹었다고 하자. 그럴 경우 로빈슨 크루소가 누리는 행복 혹은 총효용은 점선으로 표시한 사각형 (AOq_0K)만큼이다. 하지만 이만큼 행복을 누리기 위해 사각형(BOq_0J)만큼 수고를 들여야 한다. 따라서 q_0만큼 바나나를 따먹음으로써 로빈슨 크루소가 누리는 실제 효용 또는 순효용은 빗금 친 사각형$(ABJK)$만큼이다.

위와 같은 조건 아래에서 로빈슨 크루소는 얼마만큼 바나나를 먹을까? 그림2-4의 (B)처럼 답은 $q*$이다. $q*$가 답인 이유는 단순히 두 곡선이 만나는 유일한 점이기 때문이 아

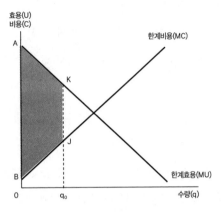

(A) q_0에서 누리는 순효용

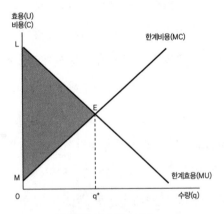

(B) 최종 생산 및 소비량

그림2-4 생산과 소비를 하는 로빈슨 크루소가
소비하는 바나나와 그가 누리는 행복

니라, 다음 절에서 상세하게 설명하는 것처럼 q*에서 로빈슨 크루소가 가장 높은 순효용을 누리기 때문이다. 또는 행복의 삼각형이 가장 크기 때문이다.

즉 q*보다 적은 양을 선택하면 생산과 소비를 늘릴 때 잉여를 더 늘릴 수 있으며, q*보다 많은 양을 선택하면 생산을 줄일 때 오히려 불필요한 수고를 줄임으로써 행복을 늘릴 수 있다. q*만큼 바나나를 따서 먹을 때 로빈슨 크루소는 빗금 친 삼각형(LME)만큼 순효용을 누린다.

한 가지 언급할 점은 생산과 소비를 모두 하는 로빈슨 크루소가 누리는 행복의 삼각형은 생산 활동을 하지 않고 소비만 했을 때의 행복의 삼각형에 비해 그 크기가 작아진다는 사실이다. 이것은 원하는 것을 공짜로 얻지 못하고 노력을 기울여야 하기 때문이다. 그림2-4의 (B)에 제시한 행복의 삼각형은 자급자족하는 인간이 현실에서 누릴 수 있는 최대한의 행복이다.

고급과정: 소비량의 결정 과정

이 장을 마치기 전에 로빈슨 크루소가 그림

2-4 (B)의 q*를 선택하는 이유를 좀 더 엄밀하게 설명해보기로 하자. 이 내용이 다소 지루하다고 생각되면 일단 건너뛰어 다음 장으로 진행해도 무방하지만, 경제학적 사고를 이해하고 습득하는 데 중요하기 때문에 책의 내용이 익숙해지면 돌아와서 읽어보기를 권한다.

한계효용과 한계비용을 고려해 바나나의 양을 결정할 때, 로빈슨 크루소가 선택할 수 있는 q는 무수히 많다. 하지만 한계효용과 한계비용이 만나는 q*를 중심으로 보면, 바나나의 양은 q*보다 작은 q, q*보다 큰 q, 그리고 q*로 구분할 수 있다. 과연 로빈슨 크루소가 q*를 선택할지 여부는 그가 q*만큼 생산하고 소비할 때 가장 높은 행복을 누리는지 또는 다른 q들을 선택했을 때보다 더 높은 행복을 주는지 따져보면 된다.

먼저 그림2-5의 (A)처럼 q*보다 작은 임의의 q_1을 생각해보자. 로빈슨 크루소가 q_1만큼 바나나를 먹었다고 한다면 그가 누리는 순만족은 사각형(ABJK)만큼이다. 그런데 여기서 $q_1 q$*만큼 바나나를 더 먹으면 순만족을 삼각형(KJE)만큼 더 얻을 수 있다. 따라서 로빈슨 크루소는 q*보다 작은 수량을 선택할 이유가 없다.

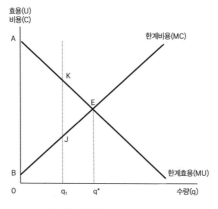

(A) q*보다 작은 q와의 비교

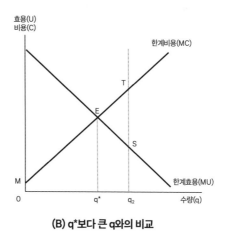

(B) q*보다 큰 q와의 비교

그림2-5 로빈슨 크루소가 q*를 선택하는 이유

반대로 그림2-5의 (B)처럼 q*보다 큰 q_2를 선택해 로빈슨 크루소가 q*보다 q*q_2만큼 바나나를 더 먹는다고 하자. 그럴 경우 그의 만족은 q*만큼 먹을 때보다 사각형(Eq*q_2S)만큼 늘어난다. 하지만 q*q_2만큼 바나나를 더 따기 위해서는 사각형(Eq*q_2T)만큼의 노력을 더 들여야 한다. 추가로 드는 이 노력의 크기가 만족의 크기보다 삼각형(EST)만큼 더 크다. q*보다 더 많은 바나나를 먹으면 비용이 만족보다 더 크기 때문에 q*보다 많은 바나나를 먹을 이유가 없다.

결국 로빈슨 크루소가 q*를 선택하는 이유는 무수히 많은 선택 가능한 수량 가운데 q*가 그의 행복을 가장 크게 만들어주기 때문이다.

3장 | 더 행복한 삶

────────── **행복을 늘리는 길**

지금까지 우리는 로빈슨 크루소처럼 자급자
족하며 살아가는 사람이 얼마만큼 생산과 소비를 하고, 그
로부터 얼마나 행복을 누리는지 살펴보았다. 이번 장에서
는 '로빈슨 크루소가 어떻게 하면 더 행복해질 수 있을까?'
하는 문제를 생각해보기로 한다. 앞서 다룬 그림들을 이용
한다면, 이 질문은 '로빈슨 크루소는 어떻게 하면 행복의 삼
각형을 더 크게 만들 수 있을까?'라고 바꾸어볼 수 있다.

행복의 삼각형을 크게 만드는 방법은 두 가지다. 첫째는

그림3-1의 (A)처럼 한계효용곡선을 위로 끌어올리는 것이다. 그러면 행복의 삼각형이 원래보다 빗금 친 영역만큼 증가한다. 둘째는 그림3-1의 (B)처럼 한계비용곡선을 아래로 끌어내리는 것이다. 이 경우에도 행복의 삼각형은 빗금 친 영역만큼 늘어난다.

주목할 점은 한계효용곡선이 올라가건 한계비용곡선이 내려가건 행복의 증가는 로빈슨 크루소가 먹는 바나나의 양이 늘어나는 현상을 수반한다는 사실이다. 그림3-1 (A)에서 볼 수 있는 것처럼 한계효용곡선이 위로 올라갈 때 소비량은 q에서 q'으로 증가하였고, 그림3-1 (B)에서와 같이 한계비용곡선이 아래로 내려갈 때 소비량은 q에서 q"으로 늘어났다. 이것을 뒤집어 보자면, 인간은 더 많은 재화를 소비하면 더 행복해지는데, 소비의 증가는 한계효용곡선이 올라가거나 한계비용곡선이 낮아지기 때문에 이루어지는 것임을 의미한다.

한계효용 vs. 한계비용
한계효용곡선을 위로 당겨 행복을 증진한다

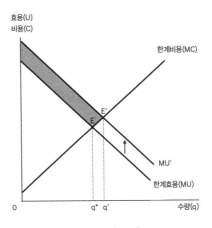

(A) 한계효용을 높임

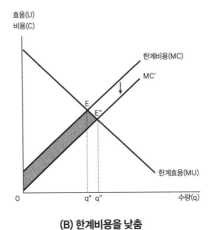

(B) 한계비용을 낮춤

그림3-1 로빈슨 크루소가 행복을 증진하는 방법

는 것은 무슨 뜻일까? 한계효용곡선의 정의에 따르면 이것은 바나나를 하나씩 먹을 때 이전보다 더 행복하다고 느끼도록 만드는 것이다. 즉 어제까지는 아침에 일어나 첫 번째 바나나와 두 번째 바나나를 먹을 때 각각 100과 90만큼 효용을 누렸다면, 오늘부터는 120과 110만큼 효용을 누리게 됨으로써 더 행복해진다는 뜻이다.

똑같은 양의 바나나를 먹는데 어떻게 더 높은 만족을 느낄 수 있을까? 한 가지 방법은 바나나를 먹으면서 '어제보다 바나나가 더 맛있다. 그래서 나는 더 행복하다'라고 자기최면을 거는 것이다. 엉뚱한 방법 같지만 꼭 그렇지만도 않다. 상당수의 자기계발서는 똑같은 상황 속에서도 마음먹기에 따라 더 행복해질 수 있다는 내용을 담고 있다. 이 같은 책들이 베스트셀러가 되는 것을 보면 사람들이 자기최면과 같은 방식을 엉뚱하다고 여기지만은 않는 것 같다.

보다 현실적인 혹은 의미 있는 예라고 한다면, 취향이 변화하는 경우를 생각해볼 수 있다. 어렸을 때는 자극적인 음식을 좋아하다가도 나이가 들면 담백한 맛을 선호하는 방향으로 입맛이 바뀔 수 있다. 담백한 복어국의 한계효용곡선을 생각해본다면, 나이가 들면서 동일한 수량에 대한 한계효용이 높아지게 되면서 한계효용곡선이 위로 올라가는 현상이 나타날 수 있다. (반대로 나이가 들수록 자극적인 음식에 대한 한계효용곡선은 아래로 내려간다.)

앞서도 언급했지만 주목해서 볼 점은 한계효용곡선이 올라가면 소비량이 변화한다는 사실이다. 그림3-1 (A)에서 볼 때, 원래 한계효용 수준에서는 q만큼 바나나를 먹고 있었다. 그런데 바나나를 먹을 때 느끼는 단위당 만족이 늘어나서 한계효용곡선이 MU'으로 올라갔다고 하자. 그럴 경우, q번째 바나나를 소비할 때 로빈슨 크루소가 느끼는 한계효용은 그 바나나를 얻기 위해 들이는 한계비용보다 더 커지고, 바나나를 한 단위 더 먹을 때 순효용이 증가할 수 있음을 의미한다. 이로 인해 로빈슨 크루소는 한계효용과 한계비용이 일치하는 수준이 될 때까지 바나나 소비를 늘린다.

결국 로빈슨 크루소의 행복은 두 가지 측면에서 늘어난다. 첫째는 지금까지와 동일한 양을 소비하더라도 단위당 누리는 만족이 늘어났기 때문에 더 행복해졌다. 둘째는 한계효용과 한계비용이 일치하는 q'수준까지 바나나의 소비를 늘리게 되고, 그로 인해 추가적인 행복을 누릴 수 있다.

한편, 한계비용곡선을 아래로 내린다는 것은 똑같은 양

의 바나나를 얻을 때 들어가는 비용 혹은 노력이 이전보다 낮아진다는 뜻이다. 어제까지는 첫 번째 바나나와 두 번째 바나나를 따는 데에 각각 10과 20만큼의 노력이 들었다면, 오늘부터는 5와 10만큼으로 수고가 줄어들면 더 행복해질 수 있다.

한계비용을 낮추는 것은 기술 개발을 통해 이룰 수 있다. 나무 꼭대기에 달려 있는 바나나를 따기 위해 나무를 타고 올라가는 대신 사다리나 집게를 만들어 사용하면 예전보다 훨씬 쉽게 바나나를 얻을 수 있다. 아울러 낮아진 한계비용으로 인해 과거의 바나나 소비량인 q에서는 한계효용이 한계비용보다 높아진다. 그 결과 로빈슨 크루소는 바나나를 더 많이 먹을 유인이 생기고, 그림3-1 (B)에서와 같이 한계효용과 한계비용이 일치하는 q''까지 바나나 소비를 늘리게 된다.

결국 기술 개발은 로빈슨 크루소의 행복을 두 가지 측면에서 늘린다. 첫째는 지금까지와 동일한 양을 소비하더라도 단위당 비용이 줄어들었기 때문에 더 행복해졌다. 둘째는 한계효용과 한계비용이 일치하는 q''수준까지 바나나의 소비를 늘리게 되고, 그로 인해 추가적인 행복을 누릴 수 있다.

개념적으로 볼 때 중요한 점은 한계효용곡선은 소비와 관련한 다양한 요인들에 의해 결정된다는 점이고, 이런 요인들의 변화는 한계효용곡선을 위로 혹은 아래로 변화시킨다는 사실이다. 마찬가지로 한계비용곡선은 생산과 관련한 다양한 요인들에 의해 규정되며, 이런 요인들의 변화는 한계비용곡선을 위로 혹은 아래로 변화시킨다.

한계효용과 한계비용의 변화는 매우 단순한 개념이지만, 우리 주변에서 일어나는 여러 가지 사회 현상을 체계적으로 이해하거나 원인을 유추하는데 많은 도움을 준다. 이 개념을 활용해서 우리 주변에서 일어나는 몇 가지 현상들을 새롭게 이해해보고, 아울러 한계효용과 한계비용의 변화라는 개념을 보다 확실하게 익히도록 하자.

사례1: 한류

김치는 우리나라의 대표 음식이다. 오늘날 세계 많은 사람들은 김치를 즐겨 먹는다. 하지만 김치가 세계인들에게 사랑을 받게 된 것은 그다지 오래된 일이 아니다. 불과 몇십 년 전만 하더라도 외국인들은 김치를 우리처럼 좋아하지 않았다. 1965년 한 신문에 실린 글을 보자.

"김치 맛이 어떤가는 우리 한국인이 아니면 모른다. 외국인들은 김치 냄새라면 코를 둘 곳을 모른다. 몹시도 고약한 냄새인 모양이다. 해방 후 미군정 때 왔던 미인(=미국인: 저자)이 쓴 글에 '코리아'라면 도처에서 냄새가 지독한 나라라는 인상밖에 없다고 했다. …"
(경향신문, "여적", 1965.11.25.)

그래서인지 외국인들에게 한식을 대접할 때 김치를 빼기도 했다. 1966년 10월 말 미국의 린든 존슨 대통령이 방한했을 때 만찬을 기록한 신문 기사는 다음과 같이 이야기한다.

"이날 만찬회 메뉴는 백반, 전복탕, 신설로, 계자채튀각과 김, 편육, 구절판, 불고기, 전유어, 잣박산, 강정 등 11가지. 과일은 사과가 나오고 술은 부인들을 위해 캘리포녀산 샴페인과 우리의 약주가 나왔다. 이 음식들은 시내 각 대학교 요리학 교수들이 담당한 것. 김치는 냄새가 날까 봐 메뉴에서 뺐다고." (경향신문, "한국의 첫날밤", 1966.11.1.)

하지만 우리나라가 경제적으로 발전하고 한국의 국제적 위상이 높아지면서 우리나라 문화를 접하는 외국인들의 마음이 달라지기 시작했다. 그러면서 우리 고유의 음식을 접하고 즐기려는 사람들이 늘어났다. 그 과정에서 김치에 대해서도 호감을 가지는 사람들이 늘어나게 되었다. 심지어 요즘에는 직접 김치를 담가 먹는 외국인들이 많아지기까지 했다고 한다.

김치, 보다 넓게는 우리나라 음식 자체가 크게 바뀐 것은 아니지만, 이를 대하는 외국인들의 마음이 바뀐 것은 우리나라 음식으로부터 느끼는 한계효용이 높아지는 현상, 즉 그림3-2에서 한계효용곡선이 위로 올라가는 현상이라고 해석해볼 수 있으며, 이는 김치에 대한 소비를 늘린다. 결국 전 세계적으로 김치 소비가 크게 증가한 것은 우리 문

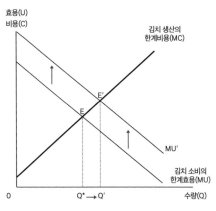

그림3-2 **김치에 대한 호감도 증가**

화에 대한 세계인의 선호가 변화한 결과라고 할 수 있다.

여러 가지 문화적 요인들은 우리의 경제활동에 영향을 미친다. 한국에 대한 호감의 증가는 한국 문화와 제품에 대한 외국인들의 소비를 늘린다. 나아가 우리 문화를 접해본 사람들이 더욱 호감을 갖게 되고 그로 인해 한국 제품을 더 많이 소비하는 선순환이 이루어짐으로써 우리 경제에 긍정적인 영향을 미칠 수 있다. 한류가 우리 경제에 중요한 이유 중 하나이다.

사례2: 산업혁명

지금부터 5천 년에서 1만 년 전 문명이 시작된 이후 대부분의 인류는 오랜 기간 생존에 필요한 최저 생계 수준을 크게 벗어나지 못하는 낮은 소득으로 삶을 영위했다. 하지만 1800년경 영국에서 일어난 산업혁명으로 인류는 가난의 덫으로부터 벗어나고 오늘날과 같은 풍요를 누리게 되었다.

산업혁명의 핵심은 생산방식의 혁신이다. 과거에는 바람이나 동물 같은 자연 또는 인간의 힘에 의존해서 생산 활동을 했던 데 비해, 산업혁명은 기계와 동력을 활용할 수 있도록 함으로써 생산성을 크게 높였다. 쉬운 예로 땅을 파는 방법을 생각해보자. 과거에는 맨손이나 삽을 이용해서 땅을 팠다. 하지만 오늘날에는 포클레인을 이용한다. 일정한 면적의 땅을 판다고 할 때 과거에는 삽을 가진 수십 명의 사람이 필요했다면, 오늘날에는 포클레인을 움직이는 기사 한 명이 같은 일을 훨씬 빨리 수행할 수 있다.

이것은 노동자 한 명당 생산량이 크게 증가했다고 이야기할 수도 있겠지만, 동일한 노동을 하는 데 소요되는 비용이 크게 줄어들었다고 표현할 수도 있다. 결국 산업혁명은 삽을 포클레인이 대체하는 것과 같은 기술 변화가 생산 활동 전반에서 이루어진 현상이다. 그림3-3에 보인 것처럼 동

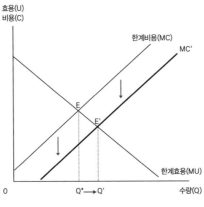

그림3-3 **산업혁명의 효과**

일한 업무에 소요되는 한계비용의 감소는 한계비용곡선의 하락을 의미하며, 이렇게 한계비용곡선이 낮아지게 되면 생산량이 늘어난다. 즉 산업혁명 이래로 우리가 과거에 비해 더 많은 재화를 생산하고 소비하게 된 것은, 단위당 생산에 소요되는 비용이 큰 폭으로 낮아졌고 이런 현상이 연쇄적으로 지속해서 일어났기 때문이다.

사례3: 줄지 않는 가사 노동 시간

산업혁명은 기술혁신을 통해 일정량을 생산하는데 소요되는 노동시간을 크게 줄였다. 하지만 사람들의 노동시간이 대폭 감소했느냐고 한다면 꼭 그렇지는 않다. 가장 대표적인 것이 가사 노동이다. 세탁기, 식기세척기, 진공청소기 등 20세기에 들어와서 등장한 다양한 가전제품은 가사 노동에 필요한 노동을 엄청나게 줄였다. 하지만 가사 노동에 들이는 시간이 혁신적으로 감소한 것은 아니다. 사람들은 예전만큼은 아닐지라도 여전히 많은 시간을 집안일하는 데 쓴다. 왜 기술 수준의 향상에도 불구하고 사람들이 가사 노동에 들이는 총시간은 여전히 많은 것일까?

한계효용-한계비용 곡선은 이 문제를 이해하는 데 도움을

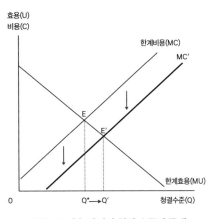

그림3-4 **기술 발전과 청결 수준의 증대**

준다(그림3-4). 예를 들어 청소를 생각해보자. 청소는 내가 사는 공간의 청결함을 높이려는 노력이다. 여느 상품처럼 청결함의 한계효용은 체감하고 한계비용은 체증한다고 할 수 있으며, 사람들은 양자가 일치하는 수준만큼 청소를 할 것이다.

그런데 진공청소기 덕분에 청소를 하는 데 요구되는 단위면적당 노력 혹은 한계비용이 절반으로 줄어들었다고 하자. 그러면 사람들은 청소를 하는 데 들이는 노력이 과거보다 절반으로 줄어들 것이다. 하지만 청소에 요구되는 노력이 줄어들게 되면, 사람들은 과거 수준의 청결도를 유지하면서 보다 편한 삶을 사는 대신, 더 많은 노력을 들여서 더 청결한 삶을 누리고자 할 수 있다. 즉 사람들은 새로운 기술 수준하에서 한계효용과 한계비용이 일치하는 수준까지 청결도를 높이고자 청소량을 늘리려 할 수 있고, 이것은 노동시간이 줄어들지 않도록 하는 이유로 작용한다.

이상의 내용은 청소 한 가지만을 가지고 이야기한 것이지만, 설거지, 빨래 등 가사 노동 모두에서 동일한 현상이 일어난다면 가사 노동에 소요되는 노동시간이 과거에 비해 줄어들지 않는 결과가 나타날 수 있다. 결국 가사 노동에 들이는 노력을 줄여주는 기술의 발전은 가사 노동과 관련해서 기대치를 보다 높임으로써, 우리는 과거보다 더 쾌적하고 청결한 환경에서 살게 되는 대신 가사 노동에 들이는 시간은 여전히 많은 결과를 낳은 것이다.

세상을 보다 윤택하게 만드는 방법

경제학자는 사람들의 삶을 어떻게 하면 보다 윤택하게 할지를 연구한다. 삶이 윤택해진다는 것은 더 많은 재화와 서비스를 소비할 수 있게 되는 것을 뜻한다. 이 장에서는 선호의 변화에 따른 한계효용의 증대 그리고 기술 변화로 인한 한계비용의 감소가 재화의 소비와 생산을 더 늘릴 수 있도록 하는 두 가지 힘임을 설명하였다.

경제학자는 어떻게 하면 한계효용곡선을 위로 끌어올리거나 한계비용곡선을 아래로 끌어내릴까를 연구하는 사람이라고 정의해볼 수 있다. 그런데 경제학자는 이 두 가지 방법 가운데 전자는 그다지 좋아하지 않는다. 마음으로 그렇게 여기는 것이 아니라 실제가 바뀌어서 더 행복해져야 한다고 생각하기 때문이다. 오늘은 어제보다 수고를 덜 들이고 바나나를 생산하게 됨으로써 바나나를 더 먹게 되고 그래서 더 행복해지는 방법을 찾고자 노력한다.

기술 개발은 한계비용을 낮춰 우리 삶을 윤택하게 하는 대표적인 방법이다. 하지만 비용을 낮추는 데에는 기술 개발 외에도 또 다른 중요한 방법이 있는데, 이것은 인간이 모여 사회생활을 하는 이유와 밀접한 관련이 있다. 다음 장에서는 이 문제를 살펴보기로 한다.

4장 | 분업과 교환

분업

로빈슨 크루소처럼 자급자족하며 살아가는 사람이 더 행복해질 수 있는 방법은 한계효용을 높이거나 한계비용을 낮춤으로써 행복의 삼각형을 더 크게 만드는 것이다. 이 가운데 경제학자는 후자의 방법에 보다 관심을 가진다. 동일한 물건을 생산할 때 비용을 덜 들이고 생산함으로써 수고를 줄이고 나아가 거기서 남는 힘으로 더 많은 것을 생산해서 누리는 것이다.

생산 비용을 낮추는 대표적인 방법은 기술 개발이다. 하지만 기술 개발이 생산 비용을 낮추는 유일한 방법은 아니다. 경제학자들은 일찍이 동일한 기술이 있더라도 그것을 사용하는 방법을 개선함으로써 비용을 낮출 수 있다는 점에 주목했다. 이와 관련해 애덤 스미스Adam Smith는 『국부론』에서 중요한 통찰을 제공했다.

『국부론』의 원래 제목은 '국부의 본질과 원천에 대한 연구An Inquiry into the Nature and Causes of the Wealth of Nations'다. 국민의 행복을 증진하려면 국가가 물질적으로 부유해져야 하는데, 이를 위해 물질적 풍요란 무엇인지 그리고 이것을 늘리려면 무엇을 해야 하는지를 연구한다는 의미다. 이 책은 경제학의 고전으로 불리기는 하지만 1,000쪽이나 되는 분량 때문에 일반인은 물론이고 경제학 전공자들조차도 읽어본 사람이 드물다. 하지만 이 책에서 애덤 스미스의 핵심 주장, 즉 국부는 어디에서 비롯되는가에 대한 그의 통찰은 책 도입부의 20쪽에 집약되어 있다. 내용도 아주 간결하고 쉽게 서술되어 있기 때문에 누구나 어렵지 않게 이해할 수 있다.

『국부론』의 제1권 제1장 제목은 '분업에 대하여'다. 애덤 스미스는 책 첫머리에 '국가의 부란 무엇이고, 어떻게 하면 국가를 부유하게 할 수 있을까?'라는 질문을 던진 뒤, 바로 핀 공장 사례를 소개한다. 핀을 만드는 숙달된 장인들은 대개 혼자서 철사를 사오고, 그것을 적당한 길이로 자르고, 다시 뾰족하게 만드는 등 열여덟 가지 공정을 모두 수행하는데, 그가 하루에 만들어내는 핀의 수는 20개가 채 못 되었다.

그런데 어떤 공장에서는 숙달된 장인 열 명이 모여서 혼자 생산하는 장인과 똑같은 방식으로 생산하되 한 사람은 철사만 사오고, 또 다른 한 사람은 그것을 적당한 길이로 자르기만 하고, 또 다른 한 사람은 그것을 뾰족하게 만드는 등 특정 업무만 전담해 일을 했다. 그랬더니 놀랍게도 이 공장은 하루에 5만 개에 가까운 핀을 생산했다. 한 사람당 5,000개가량의 핀을 생산해낸 셈이다.

새로운 기술이나 기계를 도입하지 않았는데도 분업이 생산성을 높일 수 있는 이유는 여러 가지로 생각할 수 있다. 한 가지 공정에만 몰두하면 숙련도가 훨씬 높아지기도 하고, 이 일 저 일 하느라 낭비하는 시간도 절약함으로써 생산성을 높일 수 있다.

애덤 스미스는 핀 공장의 사례를 통해 인간이 혼자서 생산과 소비를 하는 대신 모여 살면서 분업하고 교환하는 이유는 생산성을 높일 수 있기 때문이며, 그럼으로써 더 많은 물질적 풍요를 누릴 수 있고 더 행복해질 수 있기 때문이라는 통찰을 제시했다. 한계효용-한계비용의 틀로 이야기한다면, 분업은 한계비용을 낮춤으로써 행복의 삼각형을 더 크게 만들어준다. 즉 인간을 물질적으로 더 행복하게 살 수 있도록 한다.

—————— 수요

생산성을 높이기 위해 사람들이 분업을 하고 생산물을 서로 교환한다는 애덤 스미스의 통찰은 인간이 왜 사회를 이루며 사는지, 나아가 어떤 나라는 왜 부유하고 어떤 나라는 왜 부유하지 못한지 등을 이해하는 데에 중요한 시사점을 제공했다. 하지만 그의 통찰은 인간이 왜 분업하는지에 대해서는 좋은 설명을 제공했지만, 분업하는 인간들이 과연 기대한 목적을 달성할 수 있는지에 대한 설명까지 제공한 것은 아니다.

자급자족하는 로빈슨 크루소는 자신이 무엇을 원하는지 파악한 뒤 그것을 얼마만큼 생산하고 얼마만큼 소비할지를 혼자 결정한다. 하지만 사람들 간에 교환을 하면서 살면, 옷을 만드는 사람이건 빵을 만드는 사람이건 생산자는 자신의 물건을 사고자 하는 여러 사람의 수요를 파악해야 한다.

그런데 사회가 커지면 내가 생산한 물건을 원하는 사람의 숫자도 늘어날 뿐 아니라 사는 사람이 누구인지 모르는 경우가 다반사다. 그렇기 때문에 내 물건에 대한 수요가 얼마인지를 파악하는 것은 매우 힘들다. 소비자도 마찬가지다. 자신이 갖고 싶은 물건을 누가 얼마만큼 생산하는지에 대해 알기가 어렵다.

교환경제에서 사람들은 어떻게 자기가 생산한 물건을 다른 사람에게 팔고, 또 내가 필요한 물건을 원하는 만큼 구할 수 있을까? 애덤 스미스가 국부의 원천에 대한 핵심 내용을 책의 시작 부분인 20쪽에 모두 기술하고도 수백 쪽을 더 쓴 중요한 이유는 이 질문에 답하기 위해서였다. 로빈슨 크루소의 예로 돌아가 이 문제를 생각해보자.

무인도에서 혼자 자급자족하며 살던 로빈슨 크루소는 어느 날 무인도 부근을 지나가던 배에 발견된다. 그 덕분에 28년간 살던 섬을 벗어나 자신이 구출한 원주민 포로 프라이데이와 함께 고향으로 돌아올 수 있었다. 그런데 기쁨도 잠시, 그는 완전히 새로운 환경에 적응하는 힘겨운 과제에 직면해야 했다. 무인도에서는 생산과 소비를 할 때 자신의 만족이나 수고만 생각하면 되었다. 하지만 돌아온 고향에서는 사람들이 교환을 통해 경제활동을 영위했기 때문에 다른 사람이 얼마나 내가 생산하는 것을 원하는지, 그리고 내가 소비하고자 하는 것을 다른 사람들이 얼마나 생산하는지를 파악해야 했다.

로빈슨 크루소는 이런 정보를 어떻게 알아내고 생산과 소비에 반영할 수 있을까? 앞서 살펴본 한계효용곡선과 한계비용곡선을 이용해 이 문제를 생각해보자.

우선 로빈슨 크루소는 계속해서 바나나를 먹고 살지만 더 이상 스스로 바나나를 생산하지 않고 대가를 지급하고 사 먹는다고 해보자. 그 대신 그는 옷을 만들어 파는 행위를 통해 생계를 유지하기로 했다. 로빈슨 크루소는 오늘 옷을 팔아 번 수입으로 바나나를 사기 위해 가게에 갔다. 바나나 하나의 가격이 50이었다. 로빈슨 크루소는 바나나를 몇 개 구입할까?

문명 세상으로 나온 로빈슨 크루소의 한계효용곡선은 섬에서 혼자 살 때의 한계효용곡선과 다를 바 없다. 무인도에서든 고향에서든 바나나를 먹을 때 느끼는 만족이 다를 이유가 없기 때문이다. 그림4-1 (A)의 한계효용곡선은 그림 2-1 (B)를 그대로 가져온 것이다.

그런데 바나나를 구해 먹는 로빈슨 크루소의 행동은 달라진다. 앞의 2장의 사례에서 제시한 수치를 이용해보면 로빈슨 크루소는 바나나 하나를 먹으면 100만큼 만족을 얻는다. 그런데 바나나 하나를 얻기 위해 스스로 바나나 나무를 찾아 바나나를 따는 것이 아니라, 바나나 판매자에게 대가를 지불한다. 이때 지불해야 하는 대가가 50이라고 하자. 로빈슨 크루소는 50을 지불하고 100의 만족을 얻을 수 있으니 이 교환을 통해 50만큼 순효용을 누릴 수 있다. 그래서

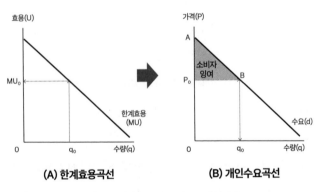

(A) 한계효용곡선　　　　**(B) 개인수요곡선**

그림4-1 **한계효용곡선과 개인수요곡선**

그는 바나나를 하나 구입한다.

그는 바나나를 더 살지 고민한다. 두 번째 바나나를 먹으면 그는 90의 만족을 얻는다. 여전히 지불해야 하는 대가보다 40만큼 높은 만족을 얻을 수 있기 때문에 그는 두 번째 바나나도 구입한다.

로빈슨 크루소는 결국 바나나의 가격과 한계효용이 같아질 때까지 바나나를 구입한다. 바나나 가격보다 한계효용이 높으면 바나나를 구입하는 것이 이득이고, 바나나 가격보다 한계효용이 낮으면 바나나를 구입하는 것은 손해이기 때문이다. 로빈슨 크루소의 한계효용곡선이 주어졌을 때, 그가 얼마만큼 바나나를 구입할지 결정하는 것은 시장가격이다.

이상의 설명은 자급자족하는 사회에서 교환경제로 넘어왔을 때, 한계효용곡선이 기본적인 성격을 유지하면서도 또 다른 의미를 갖는다는 것을 보여준다. 한계효용곡선은 로빈슨 크루소가 바나나를 먹을 때 느끼는 만족의 정도를 보여주는 궤적으로, 이는 생물학적 조건에 의해 결정된다. 그런데 교환경제에서 로빈슨 크루소는 바나나를 직접 딸 때 투입하는 노력이 아니라 시장에서 주어지는 가격을 한계비용으로 여긴다. 그리고 이 가격이라는 한계비용과 한계효용을 비교해 자신이 구매할 양을 결정한다.

가격이 수요, 즉 구매하고자 하는 수량을 결정하는 이런 관계를 경제학에서는 수요함수라고 부른다. 그리고 이것을 그림4-1의 (B)처럼 그림으로 표현한 것이 수요곡선이다. 교환경제에서 한계효용곡선은 수요곡선으로 전환된다. 가격이 주어질 때 소비자가 얼마나 수요할지는 한계효용곡선을 따라 결정되기 때문이다.

가격이 P_0일 때 q_0만큼 바나나를 사 먹으면, 사각형 (AOq_0B)만큼 총효용을 누린다. 하지만 점선으로 표시된 사각형(P_0Oq_0B)만큼 대가를 지불해야 한다. 그 결과 실제로 누리는 순효용은 빗금 친 삼각형(AP_0B)만큼이다. 이 삼각형은 소비자가 시장에서의 거래를 통해 누리게 되는 이득이라는 의미에서 '소비자잉여consumer surplus'라고 부른다.

제품 가격이 오르면 수요는 감소한다. 이 관계는 흔히 '수요의 법칙'이라고 부른다. 법칙이란 별다른 설명이 필요 없는 혹은 직관적으로 자명하다는 의미를 함축한다. 하지만 지금까지의 서술은 '가격과 수요 간에 왜 음의 상관관계가 존재하는가?' 또는 '수요곡선이 왜 우하향하는가?'에 대한 설명으로 해석할 수 있다. 수요곡선이 우하향하는 것은 한계효용이 체감하기 때문이다.

시장에는 바나나를 원하는 사람이 로빈슨 크루소 외에
도 수없이 많다. 이들이 바나나를 하나하나 먹을 때 느끼는
한계효용은 모두 다르다. 그로 인해 각 개인의 수요곡선 역
시 다른 모양을 갖는다(그림4-2). 중요한 점은 특정한 가격
이 주어질 때 각 개인이 원하는 수요량을 모두 합하면 그것
이 시장 전체의 수요가 된다는 사실이다. 바나나의 시장수
요곡선은 바나나 가격에 따라 어떤 사회가 수요하는 바나
나의 총량이 얼마나 되는지를 보여준다. 각 개인들의 수요
곡선이 우하향하기 때문에 이것을 합한 시장수요곡선 역시
우하향한다.

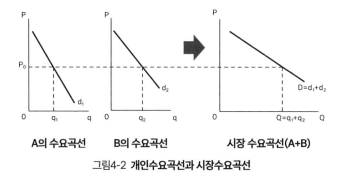

그림4-2 **개인수요곡선과 시장수요곡선**

공급

　교환경제에서는 한계비용곡선도 의미가 바뀐다. 시장경제에 들어온 프라이데이는 바나나를 생산해 팔기로 했다. 편의상 바나나 생산의 한계비용곡선은 로빈슨 크루소가 섬에서 혼자 살면서 바나나를 딸 때의 것과 동일하다고 하자. 즉 그림4-3의 (A)는 그림2-3 (B)를 그대로 가져온 것이다.

　2장의 사례에서 제시한 수치를 이용해보면 프라이데이는 첫 번째 바나나를 따는 데에 10만큼의 비용이 든다. 그런데 이것을 시장에 팔면 바나나 하나당 50을 받는다고 하자. 10을 들여 50의 수입을 얻을 수 있으니 40만큼 이득을 얻기 때문에 프라이데이는 첫 번째 바나나를 딴다. 그리고 두 번째 바나나를 딸지 고민한다. 두 번째 바나나를 따는 데에 20의 수고가 들기 때문에 그는 30만큼 이득을 얻는다. 그래서 두 번째 바나나도 딴다.

　프라이데이는 결국 바나나의 가격과 한계비용이 같아질 때까지 바나나를 따서 판다. 바나나 가격보다 한계비용이 낮으면 바나나를 따는 것이 이득이고, 바나나 가격보다 한계비용이 높으면 바나나를 따는 것은 손해이기 때문이

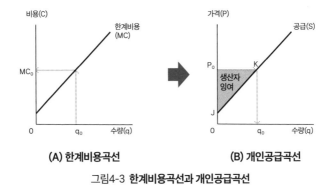

(A) 한계비용곡선　　　　**(B) 개인공급곡선**

그림4-3 **한계비용곡선과 개인공급곡선**

다. 프라이데이의 한계비용곡선이 주어졌을 때 그가 얼마만큼 바나나를 생산할지 결정하는 것은 시장가격이다.

이상의 설명은 자급자족하는 사회에서 교환경제로 넘어왔을 때 한계비용곡선이 기본적인 성격은 유지하면서도 또 다른 의미를 갖게 된다는 것을 보여준다. 한계비용곡선은 프라이데이가 바나나를 딸 때 들이는 수고가 얼마인지를 보여주는 궤적이기도 하다. 이는 가능한 한 노력을 덜 들이면서 바나나를 따려는 프라이데이의 자연스러운 행동의 산물이다.

교환경제에서 프라이데이는 바나나를 먹을 때 느끼는 만족이 아니라 시장에서 주어지는 가격, 즉 벌어들이는 수입을 한계효용처럼 여긴다. 그리고 주어진 가격을 한계비용과 비교해 자신이 생산할 양을 결정한다.

가격이 공급, 즉 생산하려는 수량을 결정하는 이런 관계를 경제학에서는 공급함수라고 부른다. 그리고 이것을 그림4-3의 (B)처럼 그림으로 표현한 것이 공급곡선이다. 교환경제에서 한계비용곡선은 공급곡선으로 전환된다. 가격이 주어질 때 얼마나 공급할지는 한계비용곡선에 의해 결정되기 때문이다.

가격이 P_0일 때 q_0만큼 바나나를 생산하면 점선으로 표시된 사각형(P_0Oq_0K)만큼 총수입을 얻는다. 하지만 JOq_0K만큼 비용을 들여야 한다. 그 결과 실제로 누리는 순이득은 빗금 친 삼각형(P_0JK)가 된다. 이 삼각형은 생산자가 시장에서의 거래를 통해 누리는 이득이라는 의미에서 '생산자잉여producer surplus'라고 부른다.

제품의 가격이 오르면 공급은 늘어난다. 이 관계는 흔히 '공급의 법칙'이라고 부른다. 법칙이란 별다른 설명이 필요 없는 혹은 직관적으로 자명하다는 의미를 함축한다. 하지만 지금까지의 서술은 '가격과 공급 간에는 왜 양의 상관관계가 존재하는가?' 또는 '공급곡선이 왜 우상향하는가?'에

대한 설명으로 해석할 수 있다. 공급곡선이 우상향하는 것
은 한계비용이 체증하기 때문이다.

시장에는 프라이데이 외에도 바나나를 생산하는 사람
들이 많다. 이들이 바나나를 하나하나 딸 때 소요되는 한계
비용은 모두 다르다. 그로 인해 각 개인의 공급곡선 역시 다
른 모양을 갖는다(그림4-4).

여기서 중요한 점은 특정한 가격이 주어질 때 각 생산자
가 생산하는 공급량을 모두 합하면 그것이 시장 전체의 공
급이 된다는 사실이다. 바나나의 시장공급곡선은 바나나 가
격에 따라 어떤 사회가 공급하는 바나나의 총량이 얼마나
되는지를 보여준다. 각 개별 생산자의 공급곡선이 우상향하
기 때문에 이것을 합한 시장공급곡선 역시 우상향한다.

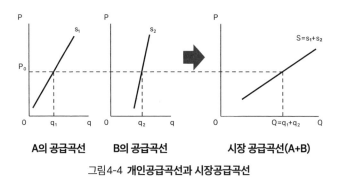

그림4-4 **개인공급곡선과 시장공급곡선**

균형

시장에서 바나나의 수요와 공급이 앞에서와 같이 주어질 때, 이 사회에서 바나나는 얼마만큼 생산되고 소비될까? 그림4-5는 시장수요곡선과 시장공급곡선을 함께 제시한 것이다. 이렇게 두 곡선을 동시에 가져다놓을 때 그림의 의미를 살펴보면 다음과 같다. 예를 들어 현재 바나나의 가격이 P_0라고 하자. 그럴 경우 소비자는 Q_0만큼 바나나를 구입하고 싶어 하고, 생산자는 Q_1만큼 바나나를 공급하려고 한다.

이렇게 가격에 반응해 생산과 소비를 결정한다면, 사람들은 궁극적으로 얼마만큼 바나나를 생산하며 소비할까? 답은 Q^*이다. 수요곡선과 공급곡선이 만나는 수준의 생산량인 Q^*에서는 생산량과 소비량이 일치하기 때문에 남거나 모자라는 바나나가 생기지 않는다. 그리고 Q^*는 가격이 P^*일 때 달성된다. 가격의 움직임이 생산자와 소비자가 모두 Q^*만큼 생산하고 소비하도록 맞춰주는 역할을 수행한다. 경제학에서는 생산과 소비가 일치하는 상태를 '균형 equilibrium, E'이라고 부른다. E는 균형가격과 그 가격에서 형성된 균형거래량의 조합이다.

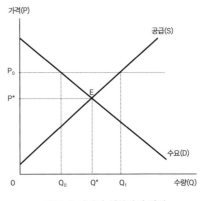

그림4-5 **가격과 생산량의 결정**

물론 바나나의 가격이 항상 P*인 것은 아니다. 이보다 높은 P_0일 수도 있다. 하지만 그럴 경우는 공급이 수요보다 많아서 팔지 못한 바나나가 쌓이게 된다. 생산자는 이 바나나를 팔기 위해 가격을 낮추게 되는데, 이런 움직임은 가격이 팔리지 않은 바나나를 완전히 해소하는 수준인 P*에 이를 때까지 진행된다. 반대로 가격이 P*보다 낮을 경우에는 수요가 공급보다 많아서 바나나를 사고 싶어도 사지 못하는 소비자가 발생한다. 소비자들은 바나나를 사기 위해 더 높은 가격을 제시하는데, 이런 움직임은 가격이 수요와 공급을 일치시키는 수준인 P*에 이를 때까지 진행된다. 이처럼 가격은 시장의 수요량과 공급량을 일치하는 방향으로 움직임으로써 균형을 달성한다.

애덤 스미스는 분업으로 인해 수많은 사람들이 서로 다른 제품을 생산하고 소비하는 시장에서 어떻게 수요와 공급이 조율되는지에 대해 설명하고자 했다. 불행히도 그는 제대로 된 설명을 제시하는 데에는 실패했다. 대신 '보이지 않는 손'이라는 은유를 이용해 이상에서 서술한 시장의 작동 원리를 표현했을 뿐이다.

그로부터 200년이 지난 1950년대에 들어와 경제학자들은 애덤 스미스가 이야기한 '보이지 않는 손'의 실체가 가격 메커니즘이며, 이것이 어떻게 작동하는지를 명확하게 밝혔다. 위에서 제시한 수요-공급 모형은 이런 지식의 발전과 연구 성과를 놀랍도록 단순한 그림 속에 집약하고 있다.

—————— **사회적잉여**

그림4-1과 4-3에 나타낸 것처럼 생산자와 소비자는 시장에서의 교환을 통해 소비자잉여와 생산자잉여를 누린다. 그림4-6은 이들을 하나의 그림에 모은 것인데, 생산

자잉여와 소비자잉여가 합쳐진 삼각형을 우리는 사회 전체의 행복이라는 뜻에서 '사회적잉여social surplus'라고 부른다.

그림은 생산자잉여와 소비자잉여를 구분하지만 한 사회에서 어느 제품의 생산자는 곧 다른 제품의 소비자이기도 하다. 따라서 사회적잉여는 사회 구성원들이 누리는 행복의 크기를 나타낸다.

중요한 점은 자급자족과 비교할 때 그림4-6의 사회적잉여 또는 행복의 삼각형의 크기는 훨씬 크다는 사실이다. 이것은 분업으로 인해 자급자족할 때보다 한계비용곡선이 훨씬 낮아졌기 때문이다.

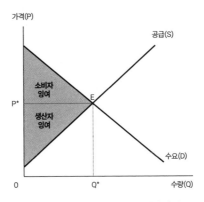

그림4-6 **생산자잉여와 소비자잉여**

결론적으로, 인간이 자급자족할 수 있으면서도 서로 교환하며 더불어 사는 이유는 물질적으로 더 풍요로운 삶을 누리기 때문이다. 우리가 지금까지 사용한 표현을 빌리면, 행복의 삼각형이 훨씬 커지기 때문이다. 그리고 분업 속에서도 생산과 소비가 서로 조화로울 수 있는 것은 가격이라는 메커니즘 덕택이다. 그림4-6의 수요-공급 곡선은 이런 내용을 담고 있다.

──────── 고급과정: 균형의 안정성

이 장을 마치기 전에 그림4-6에서 시장 가격이 P*로 결정되는 이유를 좀더 자세히 설명해보기로 하자. 이 내용이 다소 지루하다고 생각되면 일단 건너뛰어 다음 장으로 진행해도 무방하지만, 경제학적 사고를 이해하고 습득하는 데 중요하기 때문에 책의 내용이 익숙해지면 돌아와서 읽어보기를 권한다.

세상 모든 재화의 가격이 그렇듯 바나나의 가격은 늘 움직이며, P*보다 높을 수도 있고 낮을 수도 있다. 하지만 P*가 아닌 가격일 때, 시장에서는 생산이 수요보다 많거나 수요가 생산보다 많은 상황이 발생한다.

만일 그림4-7의 (A)처럼 가격이 P*보다 높은 P_1이라고 하자. 이럴 경우 시장에는 공급이 수요보다 많은 '초과공급'이 발생한다. 초과공급이란 창고 안에 팔리지 않은 바나나가 쌓여 있다는 것을 의미한다. 생산자들은 창고에 쌓여 있는 바나나를 썩게 두기보다는 가격을 낮춰 시장에 내놓으려 할 것이고, 가격이 낮아지면 낮아질수록 수요는 늘어난다.

이런 과정을 통해 초과공급을 줄이게 되는데, 이 과정은 가격이 P*에 다다라 수요와 공급이 일치할 때까지 진행된다. 초과공급이 발생하면 균형 상태로 수렴하는 힘이 작용한다.

그림4-7의 (B)처럼 가격이 P*보다 낮은 P_2에 형성되면 앞의 경우와 반대의 힘이 작용한다. P_2의 가격에서는 생산자들이 공급하려는 양보다 소비자들이 수요하려는 양이 많다. 이런 상황을 경제학에서는 '초과수요'라고 한다. 초과수요가 발생하면 소비자들은 더 높은 가격을 지급하고서라도 바나나를 사려고 한다. 그리고 가격이 높아질수록 생산자들은 생산량을 늘린다. 이런 과정은 가격이 P*에 다다라 수

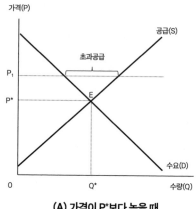

(A) 가격이 P*보다 높을 때

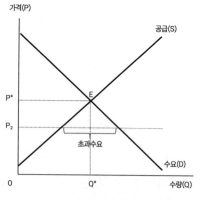

(B) 가격이 P*보다 낮을 때

그림4-7 **시장의 조절 메커니즘**

요와 공급이 일치할 때까지 진행된다. 초과수요가 존재하는 상황 역시 균형 상태로 수렴하는 힘이 작용한다.

위 과정에서 중요한 것은 생산자와 소비자가 다른 사람들이 무엇을 원하는지 또는 다른 사람들이 어떻게 움직이는지에 반응하는 것이 아니라, 가격을 보고 거기에 반응해 행동한다는 사실이다. 그리고 이런 행동이 시장을 균형으로 이끌어간다.

경제학은 인간이 아무 대가를 치르지 않고 공짜로 누릴 수 있는 것은 극히 드물다는 사실에서 출발한다. 달리 표현하자면 우리는 바나나를 먹기만 하는 로빈슨 크루소와 같은 삶을 살고 싶지만, 현실은 바나나를 먹으려면 동굴을 나가 바나나를 따오는 수고를 해야 하는 로빈슨 크루소에 가깝다.

2부

수요-공급 모형의
확장과 활용

수요-공급 모형, 어디까지 이용할 수 있을까

우리가 다른 사람들과 더불어 사는 것은 혼자 자급자족하며 살 때보다 더 풍요로운 삶을 누릴 수 있기 때문이다. 분업을 하면 생산성이 높아져 똑같은 노력을 들이고도 더 많은 제품을 생산할 수 있다. 아울러 혼자서 생산하고 소비할 때는 엄두도 낼 수 없는 다양한 종류의 물건을 사회 전체적으로 생산할 수 있게 되면서 내가 소비할 수 있는 재화의 종류도 훨씬 다양해진다.

이렇게 분업과 교환을 통해 다양한 제품들을 소비할 수

있게 된다는 것은 우리가 생산하고 소비하는 재화들이 대부분 시장에서 거래된다는 의미이며, 또한 수요와 공급의 힘에 의해 그 재화의 가격과 거래량이 결정된다는 의미다. 이는 수요-공급 모형이 우리 삶의 많은 부분을 이해하는 데에 요긴하게 이용될 수 있는 이유이기도 하다.

나아가 언뜻 보기에는 시장에서 거래된다고 이야기하기에 어색하거나 수요-공급 모형의 적용 대상이라고 생각하기 어려운 경우도 따지고 보면 그렇지 않을 때가 많다. 예를 들어 우리는 매일 돈을 벌기 위해 직장에 나가 일을 한다. 혼자 자영업을 하는 경우도 있지만 많은 사람들은 기업에 고용되어 일을 하고 대가를 받는다. 이것은 대가를 받고 나의 노동을 파는 행위 또는 공급하는 행위다. 반대로 나를 고용한 기업은 나의 노동에 대해 대가를 지불하고 구매하는 행위 또는 수요 행위를 한 것이다.

기업이 사람들을 고용하려 하고, 사람들이 일자리를 얻으려 하는 행위가 이루어지는 추상적 공간을 경제학자는 노동시장이라고 부른다. 그리고 수요-공급 모형을 기초로 노동의 대가인 임금이 어떻게 결정되고, 또 얼마나 많은 사람들이 직장을 얻고 일을 하게 되는지를 분석한다. 이런 방식으로 고용 문제에 접근하면 이전에는 알기 어려웠던 여러 가지 문제들을 잘 이해할 수 있다.

다른 사례로 쓰레기를 생각해보자. 쓰레기를 처리하고 깨끗한 생활환경을 확보하는 것은 우리 삶의 매우 중요한 부분이다. 경제학자는 쓰레기나 오염물질 처리와 관련한 문제도 수요-공급 모형을 토대로 분석한다. 이 이야기를 듣는 순간, 경제학자가 쓰레기까지 연구하느냐고 의아해할 수 있다. 하지만 범죄나 변기 좌대도 연구하는데 쓰레기에 대해 연구하지 못할 게 뭐 있겠는가? 지금까지 이 책을 읽은 분이라면 경제학자가 쓰레기에 대해 연구하는 것을 어색하지 않게 받아들이리라 믿는다.

오히려 독자들을 다소 당황스럽게 할 수 있는 것은 경제학자가 쓰레기에 대해 연구한다는 것보다 수요-공급 모형을 기초로 분석한다는 부분일지도 모른다. 누구도 쓰레기를 갖고 싶어 하지는 않기 때문이다. 그래서 쓰레기, 나아가 환경문제는 경제학의 분석 대상이 아니라고, 또는 경제학자가 연구하더라도 수요-공급 모형을 적용할 수는 없는 주제라고 여길 수 있다.

이것은 두 가지 이유 때문에 사실이 아니다. 첫째, 사람들은 폐품을 거래한다. 예를 들어 우리가 소비하는 화장지 중 상당량은 버려진 책, 신문, 포장지 등을 재활용해 만든다. 그래서 화장지를 만드는 회사는 폐지를 구매한다. 폐지에 대한 수요는 여느 상품처럼 가격이 낮을수록 증가한다. 반대로 폐지 가격이 상승하면 사람들은 가급적 종이를 그냥 버리지 않고 폐지로 팔아 돈을 벌려고 할 것이다. 즉 가격이 오르면 폐지 공급이 늘어난다. 폐지를 포함한 많은 재활용 쓰레기들은 수요-공급 모형을 이용해 분석할 수 있다.

둘째, 재활용 가능한 자원이 아닌 쓰레기라면 사람들은 상품을 수요하거나 공급하듯 하지는 않는다. 하지만 사람들은 청결한 환경을 수요한다. 그리고 청소 등을 통해 청결한 환경을 공급하는 사람들이 있다. 청결에 대한 수요와 공급을 수요-공급 모형으로 분석한다는 것은 크게 이상할 것이 없다(우리는 이미 청결에 대한 한계효용과 한계비용을 3장에서 다루어보았다). 그리고 쓰레기의 양이 늘어나고 줄어드는 것은 청결이 줄어들고 늘어난다는 것의 거울 이미지다. 따라서 청결한 환경을 수요-공급 모형으로 분석한다는 것은 곧 쓰레기 문제를 수요-공급 모형으로 분석한다는 것과 동일하며, 그러한 의미에서 쓰레기 역시 수요-공급 모형이 적용될 수 있는 문제라고 할 수 있다.

보다 구체적으로 살펴보자. 청결한 환경을 확보하는 가격이 낮아질수록 사람들은 더 높은 수준의 청결을 원할 것이다. 아울러 청결한 환경의 가격이 높으면 높을수록 이것을 공급하려는 생산자는 늘어난다. 따라서 청결한 환경에 대한 수요와 공급은 여느 상품들과 마찬가지로 우하향하는 수요곡선과 우상향하는 공급곡선을 갖는다(그림5-1). 우리가 얼마나 청결한 수준에서 생활하는지는 수요곡선과 공급곡선이 만나는 수준인 Q*에서 결정된다. 그리고 이런 청결수준을 유지하기 위해 우리는 P*라는 가격을 지불한다.

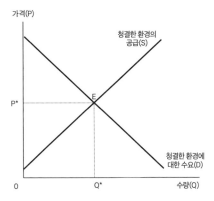

그림5-1 **쓰레기 혹은 청결에 대한 수요와 공급**

금융, 세금, 무역 등 우리가 흔히 경제 영역이라고 생각하는 주제가 있다. 경제학자는 오랜 기간 수요-공급 모형에 기초해 이런 영역을 연구해왔다. 하지만 교통, 문화, 예술, 스포츠, 환경, 범죄, 정치처럼 사회의 다양한 영역 역시 수요-공급 모형을 통해 접근할 수 있다. 사실 세상의 수많은 일은 분업에 기초하고 있다는 점, 우리가 가진 유한한 자원을 얼마나 효율적으로 사용할 것인가 하는 문제를 안고 있다는 점 등을 고려한다면, 본질적으로 경제 문제를 깔고 있다. 그리고 어떤 문제의 경제적 기초를 이해하는 순간 지금까지와는 다른, 그리고 어떤 측면에서는 보다 본질적인 통찰을 얻을 수 있다. 경제학자가 세상 모든 현상에 수요-공급 모형이라는 틀을 적용하는 이유다. 경제학자가 아니라도 수요-공급 모형을 이해하는 것이 세상사를 이해하는 데에 유용한 까닭이기도 하다.

값을 매길 수 없을 만큼 귀한 것

거래와 가격은 떼어놓고 생각할 수 없다. 가격이 있어야 거래가 성립하고, 거래를 통해 가격이 형성되기 때문이다. 세상 많은 것들이 시장에서 거래되고 수요-공급 모형의 분석 대상이 될 수 있다는 것은 곧 세상의 많은 것들에는 가격이 있다는 것과 같은 의미이다.

그러면 이 세상 모든 것은 거래의 대상이고 가격이 존재한다고 단언할 수 있을까? 당연히 그런 것은 아니다. 거래되지 않는 것 혹은 가격이 있다고 말하기 어려운 것들도 존재한다. 일반화하기는 어렵지만 너무 귀하거나 너무 흔한 것들은 거래가 되지 않고 가격도 존재하지 않는다고 할 수 있다.

먼저 첫째 경우를 살펴보자. 우리가 너무 귀하기 때문에 거래할 수 없고 값을 매길 수 없다고 생각하는 대표적인 예는 사람의 목숨이다. 팔이나 다리와 같은 내 몸의 일부도 마찬가지다. 팔만대장경 같은 귀중한 문화재 또는 모나리자 같은 명화 역시 값을 매길 수 없는 존재라고 이야기되곤 한다.

그러면 이것들이 귀하다는 것 그래서 값을 매길 수 없다는 것은 무슨 의미일까? 그것은 바로 손상되거나 소멸되었을 때 원래대로 회복이 불가능하다는 뜻이다. 혹은 다른 것으로 쉽게 대체할 수 없다는 뜻이기도 하다. 만일 손상되었을 때 원래의 모습으로 완벽하게 복원할 수 있다면 대체재를 만들거나 구입하는 데 드는 비용이 가격이라고 할 수 있다. 하지만 이것이 불가능하다면 값을 매길 수 없다고 이야기할 수 있다. 결국 귀해서 값이 없다는 것과 사고팔 수 없다는 것은 같은 의미임을 확인한 셈이다.

영어에는 'priceless'라는 단어가 있다. 원래 '-less'는 없다는 뜻을 가진 어미인데, priceless는 예외다. '가격이 없다'라는 것이 가치가 없다는 뜻이 아니라 값을 매길 수 없을 만큼 귀중하다는 뜻이다. 너무 귀중하면 값이 존재하지 않는다는, 값이라는 것의 본질을 잘 꿰뚫는 이런 단어를 쓰는 나라에서 경제학이 탄생한 것은 우연이 아닐지 모른다.

단, 가격이 없다는 것과 사고팔지 않을 만큼 귀중하다는 것은 완전히 동일한 의미는 아님을 염두에 둘 필요가 있다. 아무도 강요나 협박 또는 극단적인 상황이 없을 때 자발적으로 물건을 사고팔듯 돈을 받고 자신의 목숨이나 몸의 일부를 파는 일은 하지 않는다. 하지만 그렇다고 해서 내 목숨이나 신체에 '가격'이 없는 것은 아니다. 우리는 목숨을 잃을 때를 대비해서 보험을 들기도 하는데, 사고가 일어나서 받게 되는 보험금은 일종의 가격인 셈이다. 또는 불의의 사고를 당해 사망하거나 다쳤을 때 가해자는 피해자에게 보상금을 지급한다. 유명한 예술품들 역시 아무리 귀하고 고귀하더라도 경매를 통해 거래가 되거나 보험금이 책정되곤 한다. 이런 점을 감안한다면 세상에 가격을 매기는 것이 불가능하다고 단언할 수 있는 귀중한 물건을 찾기란 극히 어려운 일일지도 모른다.

다이아몬드의 역설

둘째로 너무 흔한 것은 굳이 돈을 내지 않아도 얻을 수 있다. 아무도 사고팔지 않으니 가격이 없다고도 또는 값이 0이라고도 할 수 있다. 여기에 해당하는 대표적인 것이 공기이다. 일상생활을 영위할 때 돈을 내고 숨을 쉬는 사람은 없다.

그런데 공기가 흔하다고 해서 또는 가격이 0이라고 해서 공기가 중요하지 않다거나 가치가 없는 것은 아니다. 오히려 공기가 없으면 단 한 순간도 살 수 없기에, 공기는 우리 삶에 필수불가결한 존재이다. 사실 아무리 큰돈을 주고도 살 수 없다는 귀중한 문화재나 예술 작품도 아무도 돈주고 구입하지 않는 공기보다 귀하다고 할 수는 없다. 그러면 왜 이처럼 우리 삶에 정말로 중요한 것 혹은 가치 있는 공기는 값이 싼 반면, 우리의 생존에는 크게 중요하지 않은 많은 것들은 값이 비쌀까?

애덤 스미스는 『국부론』에서 이 문제를 물과 다이아몬드라는 예를 통해 논의했다. 즉 왜 물의 가격은 싸고 다이아몬드의 값은 비쌀까라는 방식으로 질문을 제기했다. 그래서 흔히 이 문제는 '다이아몬드의 역설'이라고 불린다.

여기에 대한 답은 수요와 공급 모두를 고려해야 답을 할 수 있다. 먼저 수요 측면을 생각해보자. 1그램의 다이아몬드가 주는 한계효용은 매우 크다. 하지만 목이 마른 사람에게 1그램의 물은 생명을 좌우할 수 있는 것이기 때문에, 다이아몬드와는 비교할 수 없이 가치가 높다. 따라서 동일한 양의 다이아몬드와 물이 주는 한계효용을 비교해보면, 물의 한계효용이 훨씬 크다. 이것을 한계효용곡선으로 표현한다면, 그림5-2 (A)처럼 물의 한계효용곡선은 다이아몬드의 한계효용곡선보다 위에 있을 것이다.

한편 생산 측면을 살펴보면, 우리나라 같은 환경에서는 1그램의 물을 얻는 데에는 큰 노력이 들지 않는다. 반면 1그램의 다이아몬드를 캐려면 어마어마한 시간과 노력을 들여

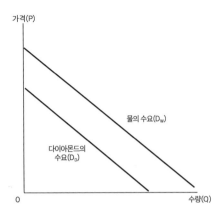

(A) 물과 다이아몬드의 한계효용 또는 수요

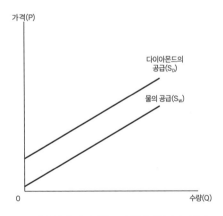

(B) 물과 다이아몬드의 한계비용 또는 공급

그림5-2 **물과 다이아몬드의 수요와 공급**

야 한다. 따라서 동일한 양의 다이아몬드와 물을 얻는 데 필요한 한계비용을 비교해보면, 다이아몬드의 한계비용이 비교할 수 없이 크다. 이것을 한계비용곡선으로 표현한다면, 그림5-2 (B)처럼 다이아몬드의 한계비용곡선은 물의 한계효용곡선보다 위에 있을 것이다.

그림5-2에서는 물과 다이아몬드의 한계효용과 한계비용을 각각 비교했는데, 이번에는 물의 한계효용과 한계비용 그리고 다이아몬드의 한계효용과 한계비용을 각각 한 그림에 그려보자. 그럴 경우 가격이 어떻게 결정되는지를 확인해볼 수 있다. 그림5-3은 그림5-2에 있는 한계효용과 한계비용 곡선을 그대로 가져와서 물과 다이아몬드에 대해 각각 두 곡선을 그린 것이다. 이 그림을 보면 물의 가격이 다이아몬드의 가격보다 낮은 수준에서 결정되는 것을 알 수 있다.

직관적으로 설명하자면, 물은 매우 귀중하지만 동시에 흔하기 때문에 값이 낮다. 반면 다이아몬드는 삶을 영위하는 데 아주 중요하지는 않지만 물과 비교해보면 공급량이 훨씬 적고 생산비용이 높기 때문에 값이 비싼 것이다. 결국 한계효용과 한계비용 또는 수요와 공급의 상대적 크기가

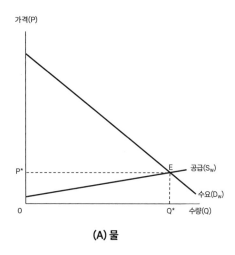

(A) 물

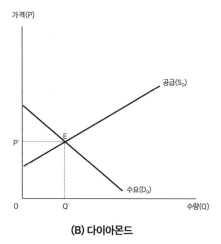

(B) 다이아몬드

그림 5-3 **물과 다이아몬드 가격의 결정**

물과 다이아몬드의 가격 격차를 가져온 것이다.

애덤 스미스는 다이아몬드의 역설을 인식하고 논의했지만, 이 문제에 대한 답을 명확시 제시하지는 못했다. 그는 수요와 공급이라는 원리는 이해하고 있었지만, 이 책의 독자들처럼 수요-공급 모형을 활용하지는 못했기 때문이다 (수요-공급 모형은 애덤 스미스가 세상을 떠난 지 100년 정도가 지난 후에야 오늘날과 같은 모습으로 다루어지게 된다). 단순히 원리를 이해하는 것을 넘어서 모형을 철저하게 익히고 활용할 줄 아는 것이 중요한 이유이다.

기회비용

가격과 관련해서 다루어야 할 한 가지 중요한 점은 우리가 명시적으로 돈을 지불하는 가격과 실제로 치르는 가격은 다른 경우가 많다는 사실이다. 경제학에서는 후자를 '기회비용opportunity cost'이라고 부른다. 기회비용이란 내가 무언가를 선택하기 위해 포기하는 것의 가격 혹은 가치다. 몇 가지 예를 통해 기회비용이라는 개념을 살펴보기로 하자.

1) 어느 화창한 휴일 봄날 나는 도서관에 앉아 공부를 했다. 야외에 나가 친구들과 보내는 즐거운 시간을 포기한 것이다. 결국 도서관에서 공부를 통해 내 지식을 늘리는 행위의 기회비용은 야외에서 친구들과 함께 하는 시간이다.

2) 나는 1억 원을 주고 시내 한복판에 작은 공터를 구입했다. 이후 나는 이 땅을 아무 목적으로도 사용하지 않고 내버려두었다가, 10년이 지났을 때 땅값이 오른 덕분에 2억 원에 팔았다. 1억 원에 산 땅을 2억 원에 팔았으니 나는 1억 원의 이익을 얻었다고 기뻐했다. 하지만 이것은 틀린 계산이다. 만약 이 땅을 주차장으로 활용하였다면 나는 운영에 소요되는 비용을 빼고도 1년에 1천만 원의 수입을 얻을 수 있었다. 아주 단순하게 계산해 본다면 10년 동안 1억 원을 벌 수 있었던 기회를 챙기지 않은 것이다. 이것을 감안한다면, 비록 나는 땅을 팔아 1억 원의 차익만큼 현금을 벌었지만 실제로 나는 아무 일도 하지 않음으로써 주차장 운영을 통해 벌 수 있었던 1억 원을 포기했기 때문에 실질적으로는 돈을 한 푼도 벌지 않은 것과 마찬가지다. 결국 10년간 땅을 놀린 기회비용이 1억 원인 것이다.

3) 내가 고등학교를 졸업하고 대학에 진학한다고 하자. 대학을 다니게 되면 나는 매년 학교에 1천만 원씩 등록금을 내야 한다. 그러면 나는 4년 동안 대학에 다니는 데 4천만 원의 비용을 들였다고 생각할 수 있다.

하지만 이것은 전체 비용이 아니다. 내가 대학에 가지 않았더라면 나는 취직을 해서 돈을 벌었을 것이기 때문이다. 내가 취직을 했더라면 매년 벌 수 있는 수입이 2천만 원이라고 한다면, 나는 대학에 갔기 때문에 이 수입을 포기한 것이다. 따라서 내가 대학에 다니기 때문에 매년 치르는 총비용은 대학등록금 1천만 원과 취업을 했더라면 벌었을 수입을 포기한 기회비용 2천만 원을 합한 총 3천만 원이고, 4년으로 하면 1억 2천만 원이다.

결국 나는 4년간 대학을 다니면서 4천만 원이 아니라 1억 2천만 원을 넘어서는 만큼 능력을 키워야 대학을 다닌 효과를 본 것이다.

경제학은 인간이 아무 대가를 치르지 않고 공짜로 누릴 수 있는 것은 극히 드물다는 사실에서 출발한다. 달리 표현하자면, 우리는 바나나를 먹기만 하는 로빈슨 크루소와 같은 삶을 살고 싶지만, 현실은 바나나를 먹으려면 동굴을 나가 바나나를 따오는 수고를 해야 하는 로빈슨 크루소에 가깝다. 세상에 공짜는 없다는 것을 경제학에서는 '희소성scarcity'이라고 부른다.

우리가 누릴 수 있는 재화는 희소하기 때문에 우리는 그 재화를 어디에 쓸지 고민해야 한다. 이런 고민을 우리는 '선택choice'이라고 부른다. 선택은 포기 또는 희생의 다른 이름이다. 내가 무언가를 하기로 결심하고 선택한다는 것은, 내가 무언가를 하지 않기로 결심한다는 뜻이다. 바로 무언가를 선택하기에 포기하는 것 즉 치르는 대가가 기회비용이다.

다시 강조하자면 희소성, 선택, 기회비용은 서로 밀접하게 연관되어 있다. 이 세상에 공짜가 없기 때문에 우리는 선택을 해야 하며, 선택에는 기회비용이 따른다. 우리 삶에서 희소하지 않은 것은 드물다는 의미에서 희소성, 선택, 기회비용은 인간의 실존적 굴레라고 할 수 있다.

경제학은 이러한 실존적 굴레를 탐구하는 학문이며, 우리가 지금까지 공부한 수요-공급 모형은 이런 개념들을 체계적으로 사고하기 위한 틀이다. 예를 들어 가격은 우리가 어떤 재화를 구매하는 기회비용 즉 대가가 무엇인지를 알려주는 기능을 한다. 수요곡선이 우하향하는 것은 가격이 올라서 구매의 대가가 커질 때, 사람들이 어떤 선택을 하는지를 체계화한 것이다. 나는 가격이 오르거나 내리는 것에 신경쓰지 않고 바나나를 원하는 만큼 먹고 싶지만, 내가 가진 자원이 무한하지 않기 때문에 나는 가격 상승에 반응해서 소비를 줄이는 선택을 한다.

이처럼 수요-공급 모형은 희소성, 선택, 기회비용이라는 인간의 실존적 굴레를 보다 체계적으로 이해하고 내 삶에 활용하도록 돕는 도구이다.

6장 | 시간과 돈의 가격

조삼모사

　　시장은 분업을 통한 생산성 증대를 가능하게 함으로써 더 많은 물질적 풍요를 가져다준다. 이번 장에서는 우리의 삶을 더 행복하게 만드는 시장의 또 다른 기능을 소개한다. 그것은 내가 생산과 소비를 할 때 현재 상태에 얽매이지 않고 유연하게 자원을 사용할 수 있도록 도와주는 기능이다. 이것은 하늘에서 갑자기 공짜 돈이 떨어진다는 뜻이 아니다. 내일 받게 될 수입을 오늘로 끌어와 쓰거나 토지처럼 거래하기 어려운 자산을 사고팔기 쉬운 형태로 바꾸어주는 것을 의미한다.

다소 낯설 수 있는 내용이기 때문에 친근한 고사성어로 이야기를 시작해보자.

중국에 원숭이를 많이 키우는 사람이 있었다. 어느 날 그는 형편이 어려워져 예전처럼 원숭이들에게 먹이를 풍족하게 줄 수 없게 되었다. 그는 원숭이를 모아놓고 사정을 이야기한 뒤, 이제부터 매일 도토리를 아침에 세 개, 저녁에 네 개씩 나누어주겠다고 했다. 그러자 원숭이들이 마구 화를 냈다. 주인은 잠시 생각한 뒤 원숭이들에게 이렇게 말했다. "그러면 앞으로 아침에 네 개, 저녁에 세 개를 주겠다." 그러자 원숭이들은 뛸 듯이 기뻐했다.

조삼모사朝三暮四라는 이 고사성어는 당장 눈앞에 나타나는 사소한 차이에 눈이 어두워 본질이 변하지 않았음을 알아차리지 못하는 어리석음을 지적할 때 사용된다. 그런데 경제학자는 조삼모사를 일반적 해석과는 조금 다르게 이해한다. 경제학자들은 원숭이가 받는 도토리의 총합이 변하지 않았음에도 아침과 저녁에 받는 도토리의 수가 달라졌다고 원숭이가 화를 내는 것은 타당한 근거가 있다고 생각한다. 그 이유는 다음과 같다.

원숭이 A와 B는 식성이 다르다. A는 도토리를 아침에 몇 개를 먹고 저녁에 몇 개를 먹건 큰 상관이 없다. 하지만 A와 다르게 B는 아침형 원숭이여서 아침에 도토리를 많이 먹어야 한다. 주인이 도토리를 아침에 세 개, 저녁에 네 개 주면, B는 아침에 도토리를 충분히 먹지 못해 하루 종일 우울해진다.

고사성어와 달리 원숭이 주인이 원숭이들의 반발을 무시하고 처음 이야기한 대로 도토리를 아침에 세 개, 저녁에 네 개를 주었다고 하자. B는 아침에 원하는 만큼 도토리를 먹지 못해 괴롭다. 배고픔을 견디지 못한 B는 A에게 다가가 다음과 같이 요청했다. "네가 아침에 도토리를 두 개만 먹고 한 개를 나한테 빌려주면 어떨까? 저녁에 도토리를 받으면 갚을게."

A도 아침에 도토리를 두 개만 먹으면 배가 고프다. 하지만 B만큼 괴롭지는 않고 그럭저럭 견딜 만했다. 그래서 B에게 도토리를 빌려주기로 했다. 단, 저녁이 되면 원래 빌려준 도토리 한 개와 함께 도토리를 빌려준 대가로 도토리 반 개를 더 줄 것을 요구했다. B는 저녁에 도토리를 덜 먹게 되는 것이 슬펐지만, 낮 시간 내내 배가 고픈 것보다는 나았기 때문에 A의 요구에 동의했다. 그래서 B는 아침에 A로부터 도토리 하나를 빌려 네 개의 도토리를 먹은 뒤, 저녁이 되어

받은 네 개의 도토리 중에 하나 반을 A에게 주었다.

이 거래를 통해 B는 낮에 덜 배고프게 지낼 수 있어서, 그리고 A는 도토리 반 개를 더 먹을 수 있게 되어서 둘 다 더욱 행복해졌다.

이자율

조삼모사에 대한 일반적인 이해에서처럼 아침에 몇 개를 받고 저녁에 몇 개를 받는지가 중요한 것이 아니라, 하루 동안 전부 몇 개를 받는지가 중요할 때도 있다. 하지만 우리 삶에서는 내가 원하는 것을 언제 누릴 수 있는지 혹은 그것을 살 수 있는 돈을 언제 손에 쥘 수 있는지가 중요한 경우가 많다.

아침형 원숭이 B처럼 지금 가진 돈이 없는데 당장 원하는 것을 사야 한다면 원숭이 A에게 대가를 지급하고 도토리를 빌리듯 다른 사람에게 돈을 빌려야 한다. B가 자급자족하고 있다면 당장 필요한 것을 사기 위해 도토리를 빌리는 일은 불가능하다. 무언가를 빌릴 수 있다는 것은 더불어 살기 때문에 가능하다. B가 A에게 저녁에 지급한 도토리 반 개는 도토리를 빌리는 가격이다. 혹은 내가 저녁에 쓸 수 있는 자원을 아침으로 끌어오기 위한 운송 비용이라고도 할 수 있다.

B처럼 저녁 식사를 어느 정도 포기하더라도 아침에 도토리를 더 먹고 싶어 하는 원숭이들이 여럿 있다고 하자. 이 원숭이들이 아침에 도토리를 먹고 싶어 하는 절실함은 각양각색이다. 어떤 원숭이가 아침에 도토리를 먹고 싶어 하는 정도를 큰 것부터 차례대로 줄을 세워보자. 다음 페이지에 나올 그림6-1의 (A)는 아침에 도토리를 더 먹고 싶어 하는 원숭이들이 도토리 한 개를 더 먹을 때 느끼는 한계효용을 나타낸다.

그림6-1의 (B)에 나타나 있는 곡선은 도토리를 빌리려는 원숭이의 수요곡선이기도 하다. 예를 들어 현재 도토리를 빌리기 위해서는 r_0만큼 저녁에 대가를 지급해야 한다고 하자. 그럴 경우 원숭이들은 Q_0만큼 도토리를 빌린다. 경제학에서는 빌리는 돈을 '대부자금', 돈을 빌리는 것에 대한 대가를 '이자'라고 부른다. 그러한 의미에서 그림6-1의 (B)는 대부자금에 대한 수요곡선이다. 대부자금에 대한 수요는 이자가 낮을수록 증가한다. 기다리지 않아도 되는 것에 대해 치러야 할 대가가 낮아질수록 사람들은 더 많은 자원을

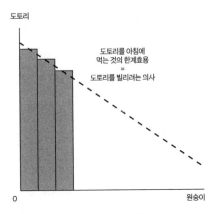

(A) 돈을 빌리는 것에 대한 한계효용(도토리)

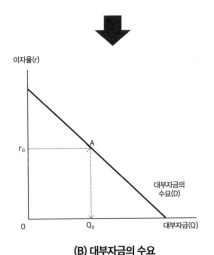

(B) 대부자금의 수요

그림 6-1 대부자금에 대한 수요

빌리고자 한다는 의미다.

한편 원숭이 A는 낮에 배고픔을 조금 참더라도 아침형 원숭이인 B에게 도토리를 빌려주고 저녁에 대가를 받아 더 많은 양의 도토리를 먹기를 원한다. A가 B에게서 저녁에 받은 도토리 반 개는 기다림의 대가다. A처럼 아침 식사를 어느 정도 포기하더라도 저녁에 도토리를 더 먹고 싶어 하는 원숭이가 여럿 있다고 하자. 이 원숭이들이 아침에 도토리를 얼마만큼 덜 먹고 고통을 감내할 용의가 있는지는 천차만별이다. 다음 페이지에 나올 그림6-2의 (A)는 원숭이들이 아침에 도토리 하나를 덜 먹을 때 느끼는 고통 혹은 비용을 작은 것부터 차례대로 줄을 세운 것으로, 아침에 도토리를 빌려주는 원숭이들의 한계비용곡선이다.

이 곡선은 도토리를 빌려주는 원숭이의 공급곡선이기도 하다. 예를 들어 현재 도토리를 빌려줄 경우 저녁에 r_0만큼의 도토리를 대가로 받는다고 하자. 그럴 경우 원숭이들은 Q_0만큼 도토리를 빌려줄 것이다. 일반화해 이야기하면 그림6-2의 (B)는 대부자금에 대한 공급곡선이다. 대부자금에 대한 공급은 이자가 높아질수록 증가한다. 기다림에 대해 더 많은 보상을 받을 수 있다면 사람들은 더 많은 자원을

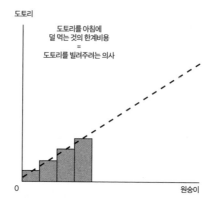

(A) 돈을 빌려주는 것에 대한 한계비용(도토리)

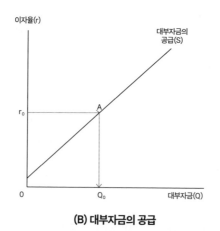

(B) 대부자금의 공급

그림6-2 **대부자금에 대한 공급**

빌려주고자 한다는 의미다.

대부자금의 수요곡선과 공급곡선이 만나는 곳에서 이자율과 대부자금의 규모가 결정된다(그림6-3). 이자율은 돈을 빌려주는 사람과 돈을 빌리려는 사람이 거래하는 가격이자, 동시에 현재의 나와 미래의 내가 거래하는 가격이기도 하다. 현재 돈을 빌리는 사람은 미래에 자신이 얻을 소득을 포기하는 대신 현재의 삶을 보다 윤택하게 한다. 반대로 현재 돈을 빌려주는 사람은 현재의 소비를 줄이고 행복을 희생하는 대신 미래의 자신을 보다 풍요롭게 한다.

어떤 분들은 도토리를 빌리는 B를 두고 미래를 제대로

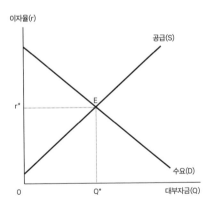

그림6-3 **대부자금의 수요와 공급**

준비하지 못하는 어리석고 참을성 없는 원숭이라고 생각할 수도 있다. 하지만 우리는 일상생활에서 B와 같은 선택을 하는 경우가 많다. 예를 들어 30세인 내가 원하는 집을 살 수 있는 돈을 장만하려면 20년간 일정 금액을 꼬박꼬박 모아야 한다고 해보자. 그럴 경우 나는 20년간 원하지 않는 집에서 살다가 집값을 모두 마련한 20년이 지나서야 겨우 원하는 집에 들어가 살 수 있다.

하지만 누군가가 나에게 지금 원하는 집을 살 수 있는 돈을 빌려준다고 해보자. 그러면 나는 이자를 갚기 위해 20년보다 조금 더 일해야 할지 모르지만, 지금부터 바로 내가 원하는 집에 들어가 살 수 있다. 미래 소득을 다소 포기하더라도 지금 돈을 빌리는 것이 합리적일 수 있는 사례다. 그리고 돈을 빌릴 수 있다는 것이 우리의 삶을 윤택하게 해주는 이유이기도 하다.

투자수익률

앞서 살펴본 사례에서 원숭이는 소비를 위해 도토리를 빌렸다. 하지만 우리가 사는 세상에서 많은 사람들은 돈을 벌기 위해 돈을 빌린다. 예를 들어 공장을 지으려면 목돈이 필요한데, 그런 큰돈을 지니고 있지 못한 경우가 많다. 그럴 때 사람들은 돈을 가진 사람 혹은 은행으로부터 돈을 빌린다.

우리 사회에 식품 공장, 의류 공장, 가구 공장 등을 만들려는 여러 사람들이 있다고 하자. 이런 투자로부터 미래에 벌어들일 수익률은 제각각인데, 이것을 수익률이 높은 것부터 차례대로 줄을 세워본다고 하자. 이것은 투자를 한 단위 더 할 때마다 얻게 되는 수익을 보여준다는 의미에서 투자의 한계수익곡선이라고 부를 수 있으며, 그 모양은 앞서 제시한 그림6-1과 같다.

그리고 투자가 얼마나 이루어지는지는 돈을 빌리는 것에 대한 이자율에 의해 결정된다. 투자로 인한 수익이 갚아야 할 이자율보다 높을 때는 돈을 빌리지만, 그 반대가 되면 투자를 하지 않을 것이기 때문이다. 그러한 의미에서 투자의 한계수익곡선은 투자를 위한 대부자금의 수요곡선 혹은 투자의 수요곡선이라고 할 수 있다. 투자의 수요곡선은 이자율과 음의 상관관계를 가진다. 이자율이 낮을수록 투자는 증가한다.

사회적으로 투자가 얼마나 이루어지는지는 그림6-3과 같은 형태로 결정된다. 돈을 빌리는 목적이 소비일 수도 있고 투자일 수도 있지만, 빌리는 양과 가격이 결정되는 원리는 동일하다. 아울러 돈을 빌려주는 입장에서는 수익률이 중요하지, 돈을 빌리는 목적이 무엇인지는 중요하지 않다. 따라서 돈을 빌려주는 사람은 조금이라도 수익률이 높은 쪽에 돈을 빌려주게 되는데, 그러다 보면 소비를 위한 대부시장과 투자를 위한 대부시장에서 결정되는 이자율은 동일하다. 이자율이 기다림의 대가이고 시간의 가격이면서 동시에 투자수익률이기도 한 이유다.

——— 유동성

여기에 더해서 이자율은 유동성에 대한 대가이기도 하다. 이 말의 의미를 이해하려면 먼저 유동성이라는 말이 무슨 뜻인지 알아야 한다.

내게 1억 원의 자산이 있다고 하자. 나는 이 돈을 어떤 방식으로 가지고 있을까? 어떤 사람은 1억 원어치의 현금을 그냥 금고에 넣어두거나 혹은 언제나 꺼내 쓸 수 있는 형태의 예금으로 은행에 맡겨놓을 수도 있다. 하지만 이렇게 넣어둔 현금은 나에게 아무런 수익을 가져다주지 않는다. 따라서 사람들은 이 돈을 투자해 수익을 얻고자 한다. 사업을 할 수도 있고, 주식이나 건물처럼 수익을 가져다주는 자산을 구입할 수도 있다.

단, 수익을 얻는 자산을 구입할 때 1억 원을 모두 쓰는 사람은 많지 않다. 대부분은 투자를 하되 일부의 돈은 현금으로 보유한다. 왜 그럴까? 가장 큰 이유는 당장 현금을 써야 하는 상황이 생길 수 있기 때문이다. 일상생활에 대한 지출뿐 아니라 갑작스럽게 의료비가 들어갈 수도 있고, 큰 비용이 드는 무언가를 사야 할 수도 있다.

이 이야기를 바꾸어보면 현금은 다른 형태로 쉽게 바뀔 수 있지만 주식이나 부동산은 그렇지 못하다는 의미이기도 하다. 내가 가진 1억 원의 현금은 언제든지 그에 해당하는 가치의 다른 물건으로 전환할 수 있다. 그리고 얼마든지 쉽게 쪼개어 사용할 수도 있다. 하지만 주식이나 부동산, 미술품과 같은 자산은 그렇지 않다.

만일 현금이 하나도 없고 자산을 모두 주식으로 가지고 있을 경우, 아이스크림 한 개를 사 먹으려면 주식의 일부를 팔아 현금을 마련해야 하는데, 그러려면 적지 않은 시간과 노력이 든다. 그나마 주식은 일부를 팔아 현금을 장만할 수 있다. 하지만 1억 원을 오피스텔 같은 부동산으로 가지고 있다면 일부를 팔아 아이스크림을 구매하는 것은 사실상 불가능하다. 아울러 미술품 등을 가지고 있다고 할 때, 급하게 돈이 필요하면 이를 헐값에 내놓아야 할 수도 있다.

현금은 아무런 수익을 내지 못한다. 하지만 다른 형태의 물건이나 자산으로 쉽게 그리고 가치의 손실 없이 변할 수 있다. 어떤 자산이 다른 자산으로 가치의 손실 없이 변할 수 있는 성질을 유동성이라고 한다. 유동성은 'liquidity'라는 영어 단어를 번역한 것인데, 이 단어는 '액체'라는 뜻의 'liquid'에서 비롯되었다. 즉 유동성은 액체처럼 모양이 마음대로 바뀔 수 있다는 뜻이다. 내가 가지고 있는 자산이 그 가치를 잃지 않고 어떤 모양으로 바뀔 수 있는가 하는 것을 개념화한 용어라고 할 수 있다.

현금은 우리가 자산을 보유하는 여러 가지 방법 중 가장 유동성을 높게 유지할 수 있는 방식이다. 하지만 아무런 수익을 얻을 수는 없다. 반대로 채권이나 주식, 부동산, 미술품 등으로 자산을 보유하면 수익을 얻을 수 있다. 하지만 유동성은 감소한다. 유동성과 수익률 간에는 일반적으로 음의 상관관계가 존재한다는 의미다. 아울러 이것은 우리가 자산을 보유할 때 얼마만큼을 현금으로 보유할지가 자산의 수익률과 관련이 있음을 의미한다. 앞서 우리는 이자율이 자산에 대한 투자수익률임을 살펴보았다. 화폐 보유량이 이자율과 관계가 있는 이유이기도 하다.

일정 규모의 자산을 가지고 있을 때 얼마만큼을 화폐로 보유하고, 얼마만큼을 자산으로 구매할 것인지는 이자율이 결정한다. 이자율이 높을수록 수익성 자산을 보유하는 대신 현금을 가지고 있는 것의 기회비용이 크다. 따라서 이자율과 화폐에 대한 수요는 음의 상관관계를 가진다. 다음 페이지에 나올 그림6-4의 (A)에서 나타나듯 여느 수요곡선처럼 화폐에 대한 수요 역시 우하향하는 형태를 가진다는 의미다.

아주 단순화해서 이야기하면 화폐에 대한 공급은 중앙은행의 통화량 공급에 의해 결정된다. 만일 중앙은행이 그림6-4의 (B)처럼 M*만큼 통화량을 공급했다고 하자. 그럴 경우 화폐시장에서 이자율은 r*로 정해진다. 화폐에 대한 수요는 수익성 자산에 대한 투자와 동전의 양면 같은 관계를 가

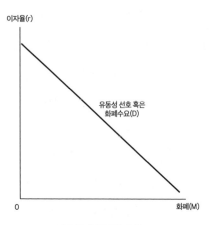

(A) 화폐에 대한 수요

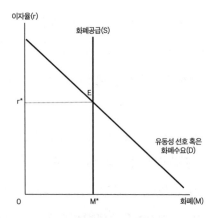

(B) 화폐시장에서 이자율의 결정

그림6-4 **유동성 선호와 이자율**

지고 있기 때문에, 화폐시장에서 결정되는 이자율과 앞서 살펴본 투자시장 등에서 결정되는 이자율은 동일하다.

결론적으로 이자율은 앞서 살펴본 의미에 더해 화폐의 가격이라는 의미도 가진다. 돈은 물건의 가격을 재는 척도이지만 그러한 돈에도 가격이 있다. 돈의 가격은 우리가 자산을 말랑말랑하게 유지하기 위해 부담하는 대가다. 이것 또한 수요-공급 모형이 우리에게 보여주는 경제의 흥미로운 면모다.

7장 | 가격의 변동

───────── **수요의 변화**

가격은 끊임없이 변한다. 가격이 수요와 공급이라는 두 힘에 의해 정해진다는 것은 가격 변화가 수요와 공급의 변화 때문에 일어나는 현상임을 의미한다. 따라서 가격이 왜 변하는지 설명하려면 수요와 공급이 변하는 이유를 파악해야 한다.

먼저 수요를 살펴보자. 수요가 변화하는 대표적인 이유는 두 가지이다. 첫째는 선호가 바뀌기 때문이다. 4장에서 설명한 것처럼 수요곡선은 한계효용곡선이다. 따라서 한계효용곡선에 변화를 가져오는 요인들은 수요곡선의 이동을 가져온다. 우리는 3장에서 한계효용이 변화하는 이유를 이미 살펴보았다. 그 내용을 정리해보자면, 어떤 재화에 대한 선호가 늘어나거나 줄어들면 한계효용곡선이 위로 올라가거나 아래로 내려온다. 나이가 들어서 담백한 음식에 대한 선호가 높아지면 담백한 음식에 대한 한계효용이 높아지게 되는데, 이것은 수요곡선이 위로 이동하는 것을 의미한다 (다음 페이지 그림7-1 (A)). 우리나라 문화에 대한 선호가 높아지는 것 역시 같은 이유로 우리나라 제품에 대한 수요곡선을 위로 끌어올린다.

두 번째는 사람의 수가 늘어나기 때문이다. 가격을 결정하는 것은 시장 전체의 수요와 공급이다. 만일 어떤 제품에 대한 선호는 전혀 변화하지 않더라도 어떤 제품을 수요하는 사람의 수가 두 배로 늘어나면, 동일한 가격에 대해 시장 전체의 수요량은 두 배로 증가한다.

우리 주변에서 볼 수 있는 예로는 출산관련 용품 시장을 들 수 있다. 1990년대만 하더라도 우리나라에서는 골목마다 하나씩 출산이나 아기 관련 제품을 파는 가게가 있었다. 하지만 우리나라의 출산율이 계속 낮아져서 지금은 전 세

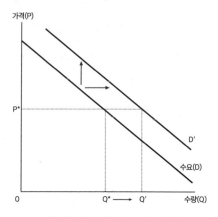

(A) 한계효용 증대 또는 수요 증가

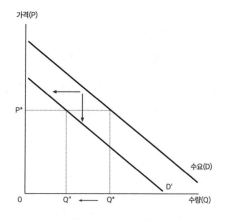

(B) 한계효용 감소 또는 수요 감소

그림7-1 **수요의 변화**

계에서 가장 낮은 수준까지 떨어지게 되자, 출산용품에 대한 수요가 크게 줄었다. 이런 수요의 감소는 수요곡선을 왼쪽으로 이동시킨다(그림7-1 (B)). 그 결과 출산용품을 판매하는 가게들은 인터넷 쇼핑이 등장하기 훨씬 이전에 이미 급속하게 줄어들었다.

단, 사람의 수가 늘어난다는 것을 기계적으로 해석할 필요는 없다. 예를 들어 소득을 생각해보자. 소득이 늘어나는 것은 구매력이 늘어나는 효과를 통해 사람 수가 늘어나는 것과 유사한 결과를 가져온다. 예를 들어 소득이 낮은 사람들은 소고기처럼 값비싼 음식을 살 수 있는 구매력이 없다. 하지만 소득 수준이 높아지면 동일한 가격에서 소고기를 구매하려는 양은 증가한다. 이것은 수요곡선을 오른쪽으로 이동시키는 힘으로 작용한다.

수요곡선이 오른쪽으로 또는 위로 이동하는 경우, 주어진 가격에 대해 수요량이 늘어났다는 의미에서 '수요 증가'(그림7-1 (A)), 반대로 수요곡선이 왼쪽으로 혹은 아래쪽으로 이동하는 경우, 주어진 가격에 대해 수요량이 줄어들었다는 의미에서 '수요 감소'라고 부른다(그림7-1 (B)).

소비자의 구매 행위에 영향을 주는 요인들은 헤아릴 수

없이 많다.* 하지만 이런 요인들은 선호나 소비자의 수 혹은 소비자의 구매력에 변화를 일으킴으로써 수요곡선의 이동을 가져온다. 따라서 경제 현상을 이해할 때에는 어떤 요인이 소비자나 생산자 중 어느 쪽에 영향을 주는지를 먼저 생각한 뒤, 전자일 경우 이것이 수요곡선에 어떻게 영향을 줄지를 차분히 따져본다면, 그것이 궁극적으로 가격과 거래량을 어떤 방향으로 이동시킬지를 파악할 수 있다.

공급의 변화

공급의 변화도 수요와 마찬가지이다. 공급이 변화하는 대표적인 이유는 두 가지이다. 첫째는 비용이 바뀌기 때문이다. 3장에서 설명한 것처럼 공급곡선은 한계비용곡선이다. 따라서 한계비용곡선에 변화를 가져오는 요인들은 공급곡선의 이동을 가져온다. 우리는 3장에서 한계비

*——— 조금 더 체계적으로 이야기하자면, 수요와 그것을 결정하는 요인 간의 관계는 수요함수라는 방식으로 표현할 수 있으며, 수식으로 쓰면 $Q_D = D$(P I 가격외요인)와 같다. 여기서 가격 외에 수요량에 영향을 미치는 요인들을 통틀어 외생적 요인이라고 부른다. 수요곡선을 오른쪽 또는 왼쪽으로 이동시키는 것은 바로 외생변수가 변화한 결과이다.

용이 변화하는 이유도 살펴보았다. 그 내용을 정리해보자면, 새로운 기술의 개발로 생산 비용이 줄어들면 한계비용곡선은 아래로 내려간다(다음 페이지 그림7-2 (A)). 또는 원윳값이나 원자재 가격 상승 등으로 생산에 투입되는 원료의 가격이 올라가면 한계비용곡선은 위로 올라간다(그림7-2 (B)).

두 번째는 생산자의 수가 늘어나기 때문이다. 가격을 결정하는 것은 시장 전체의 수요와 공급이다. 만일 어떤 제품을 생산하는 데 소요되는 비용이 변하지 않더라도 그 제품을 생산하는 공급자가 두 배로 늘어나면, 주어진 가격에 대해 시장 전체의 공급량은 두 배로 증가한다. 이런 공급의 증가는 그림7-2 (A)처럼 공급곡선을 오른쪽으로 이동시킨다.

단 생산자의 수가 늘어난다는 것을 기계적으로 해석할 필요는 없다. 예를 들어 기업의 규모가 커지는 경우를 생각해 보자. 기업의 생산능력이 증대되면 기업의 수는 동일하더라도 생산량은 증가하기 때문에, 공급곡선을 오른쪽으로 이동시키는 힘으로 작용한다.

공급곡선이 오른쪽 또는 아래로 이동하는 경우, 주어진 가격에 대해 공급량이 늘어났다는 의미에서 '공급 증가'(그림7-2 (A)), 반대로 공급곡선이 왼쪽 또는 위쪽으로 이동하

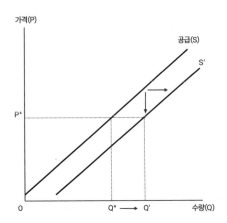

(A) 한계비용 감소 또는 공급 증가

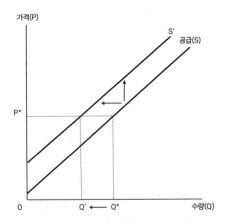

(B) 한계비용 상승 또는 공급 감소

그림7-2 **공급의 변화**

는 경우, 주어진 가격에 대해 공급량이 더 줄었다는 의미에서 '공급 감소'라고 부른다(그림7-2 (B)).

생산자의 생산 활동에 영향을 주는 요인들은 헤아릴 수 없이 많다.[*] 하지만 이런 요인들은 비용이나 생산자의 수 혹은 규모에 변화를 일으킴으로써 공급 곡선의 이동을 가져온다. 따라서 경제 현상을 이해할 때에는 어떤 요인이 소비자나 생산자 중 어느 쪽에 영향을 주는지를 먼저 생각한 뒤, 후자일 경우 이것이 공급곡선에 어떻게 영향을 줄지를 차분히 따져본다면, 그것이 궁극적으로 가격과 거래량을 어떤 방향으로 이동시킬지를 파악할 수 있다.

가격의 변화

가격 변화는 수요와 공급이 늘어나느냐 줄어드느냐에 따라 결정된다. 예를 들어 현재 수요와 공급이 균

---

[*] ——— 수요와 마찬가지로 공급과 그것을 결정하는 요인 간의 관계는 공급함수라는 방식으로 표현할 수 있으며, 수식으로 쓰면 $Q_s = S(P|\ 가격외요인)$와 같다. 여기서 가격 외에 공급량에 영향을 미치는 요인들을 통틀어 외생적 요인이라고 부른다. 공급곡선을 오른쪽 또는 왼쪽으로 이동시키는 것은 바로 외생변수가 변화한 결과이다.

형을 이루고 있는 상황에서 수요가 늘어났다고 하자. 그러면 주어진 가격에서 수요량이 공급량보다 많아지게 되어 초과수요가 발생한다. 그러면 앞서 살펴본 바와 같이 가격이 오르면서 수요량이 줄고 공급량은 증가하게 되며, 궁극직으로는 양자가 일치하는 수준에서 새로운 균형이 만들어진다. 이전과 비교해볼 때 수요 증가는 더 높은 가격과 더 많은 생산량으로 귀결된다.

이처럼 가격과 거래량의 변화는 수요와 공급의 변화라는 두 가지 요인으로부터 비롯되는데, 수요와 공급은 모두 증가와 감소라는 두 방향으로 이루어질 수 있기 때문에, 가격과 거래량의 변화는 네 가지 조합이 존재한다. 만일 수요가 증가하면 가격과 거래량이 모두 늘어난다(그림7-3 (A)). 반면 공급이 늘어나면 가격은 하락하고 거래량은 증가한다(그림7-3 (B)). 수요가 감소하면 가격과 거래량이 모두 줄어들고(그림7-3 (C)), 공급이 줄어들면 가격은 오르면서 거래량은 줄어든다(그림7-3 (D)). 세상의 모든 가격 변화는 이 네 가지 중 하나에 해당한다.

이런 원리를 반대로 활용할 수도 있다. 만일 어떤 제품의 가격이 올랐다고 하자. 왜 이런 일이 일어났는지 파악하

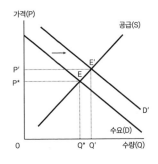

(A) 수요 증가 → 가격↑, 수량↑

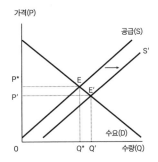

(B) 공급 증가 → 가격↓, 수량↑

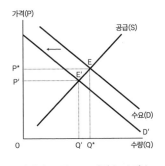

(C) 수요 감소 → 가격↓, 수량↓

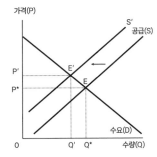

(D) 공급 감소 → 가격↑, 수량↓

그림7-3 **가격 변화의 네 가지 유형**

기 위해서는 가격과 수량의 움직임을 살피면 된다. 즉 가격이 오르면서 거래량이 정체하거나 감소했다면 이것은 공급 감소에 기인한 현상이다. 또는 가격이 오르면서 거래량이 증가했다면, 이것은 수요의 증가에 따른 것이다. 구체적으로 어떤 요인이 작용했는지 파악하려면 해당 제품과 관련한 세세한 정보가 필요하겠지만, 그 요인이 수요 측인지 공급 측인지와 같은 기본적인 분석의 방향을 명확히 파악할 수 있다는 것만으로도 우리가 경제 현상을 이해하는 데 많은 도움을 얻을 수 있다.

지금까지 서술한 기본 원리를 활용해서 우리 주변에서 일어나는 경제 현상 두 가지를 사례로 살펴보도록 하자.

1) 쌀은 우리 국민의 주식이다. 예전에는 쌀 생산이 충분하지 않아 외국에서 수입을 해야 할 때도 있었지만 1980년대를 지나면서 우리나라는 쌀을 자급할 수 있을 만큼 생산하게 되었다. 그런데 이 시기 이후로는 오히려 쌀이 남아돌고 쌀 가격은 계속 하락하는 현상이 나타났다.

이런 현상이 발생하는 이유는 크게 두 가지로 볼 수 있다

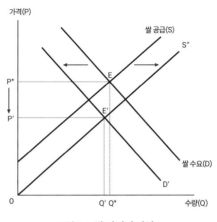

그림7-4 **쌀 가격의 하락**

(그림7-4). 첫째는 수요 측면이다. 쌀은 특성상 수요가 크게 늘어나기는 어려운 제품이다. 소득이 증가한다고 해서 쌀 소비가 지속적으로 늘어나지는 않기 때문이다. 오히려 소득의 증가로 인해 우리나라 사람들은 쌀 이외에 고기나 밀가루 등으로 소비를 다양화하게 되면서 쌀 소비는 크게 줄어들고 있다. 과거에는 하루 세 끼를 밥을 먹었지만, 2023년 현재 우리나라 사람들은 하루 평균 한 끼를 밥을 먹는다. 이런 소비 감소는 쌀의 수요곡선이 왼쪽으로 이동하였다는 것을 의미하며, 쌀 거래량과 쌀 가격이 하락하는 요인으로 작용한다.

두 번째 요인은 생산 기술의 발전이다. 농기계의 활용과 비료의 발전 등으로 인해 단위면적당 쌀 생산량은 비약적으로 증대되어왔다. 이는 쌀의 공급곡선이 우측으로 이동하는 요인으로 작용하며, 쌀의 생산량은 늘어나되 쌀 가격은 하락하는 힘으로 작용하였다.

결국 우리나라 쌀 가격의 하락은 수요 감소와 생산기술의 발전이라는 두 가지 요인이 복합적으로 작용한 결과이다. 이 가운데 수요 감소는 소비량을 줄이는 힘으로, 반대로 생산기술 발전은 생산량을 늘리는 힘으로 작용하는데, 두 힘이 서로 상쇄될 때 거래량을 늘릴지 줄일지는 이론적으로는 판단이 어렵다. 하지만 두 힘은 모두 가격을 낮추는 힘으로 작용하기 때문에, 가격이 하락하리라는 것은 이론적으로 명확하며, 이것은 실제 쌀 가격의 변동과 일치한다.

쌀 가격 하락은 쌀 경작 농민들의 소득을 하락시키는 힘으로 작용하기 때문에, 정부는 쌀값이 지나치게 낮아지는 것을 막기 위한 정책을 오랫동안 실시해왔다. 이런 정책의 내용과 효과에 대해서는 11장에서 다루기로 한다.

2) 2020년 초, 코로나 바이러스 사태가 발생하자 마스크 가격이 급속하게 올랐다. 코로나 바이러스 감염으로부터 예방

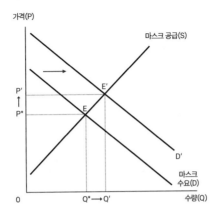

(A) 마스크 수요 증가

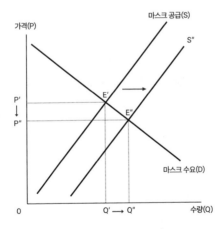

(B) 마스크 공급 증가

그림7-5 **코로나 바이러스 사태와 마스크 가격**

을 위해 마스크에 대한 수요가 급격하게 늘어났기 때문이다. 이는 마스크에 대한 수요곡선이 오른쪽으로 이동했음을 의미한다(그림7-5 (A)). 정부는 마스크 가격의 급등에 대응해서 한 사람이 마스크를 구매할 수 있는 수량을 제한하는 것과 같은 조치를 취하기도 했다(이런 조치와 관련해서는 10장의 논의를 참조). 하지만 마스크 가격이 오르자, 새로운 기업들이 마스크 생산에 뛰어들었고 기존 기업들 역시 생산설비를 늘렸다. 이는 공급곡선이 오른쪽으로 이동하게 되었음을 의미한다(그림7-5 (B)). 그 결과 늘어난 수요를 충족할 만큼 공급이 증대하게 되어 마스크 가격은 예전 수준으로 안정화되었다.

가격은 수요와 공급에 의해서만 결정되는가?

지금까지 우리는 수요-공급 모형을 이용해서 가격이 어떻게 결정되고 변화하는지를 살펴보았다. 수요-공급 모형은 우리 주변에서 발생하는 여러 가지 현상들이 가격과 거래량에 어떻게 영향을 미치는지를 이해하는 데 많은 도움을 준다. 아울러 가격이나 거래량의 변동이 일어날 때, 그 원인이 무엇인지를 추론하는 데 있어서도 좋은 길잡이가 된다.

그런데 간혹 책이나 인터넷 등을 보다 보면 수요-공급 모형의 문제점을 지적하는 글을 만나게 된다. 이런 비판에는 다양한 종류가 있는데, 그중 하나로 "가격은 수요-공급에 의해서만 결정되지 않는다"라는 주장이 있다. 즉 세상의 가격은 수많은 요인에 의해 결정되는데, 수요-공급이라는 두 가지 힘만으로 가격을 설명하는 것은 적절하지 않다는 것이다.

안타깝게도 이런 지적은 타당하지 않다. 물론 세상에는 수요-공급이 아닌 요인에 의해 가격이 결정될 때도 있는데, 그것은 정부가 가격을 결정하는 경우이다. 단 이때에도 정부가 수요-공급의 힘을 얼마만큼 거스르고 원하는 만큼 가격과 수량을 정할 수 있는가 하는 문제가 있는데, 이 점에 대해서는 11장에서 상세히 살펴보기로 한다.

중요한 점은 정부라는 요인을 배제하고 볼 경우, 수요와 공급 외에 가격을 결정하는 다양한 요인이 존재한다는 언명은 기본적으로 수요-공급 모형의 정의를 제대로 이해하지 못했기 때문에 나오는 주장이다. 예를 들어 이런 주장을 하는 사람 중에는 가격을 결정하는 데 심리적 요인이 중요하다는 주장을 하는 경우가 있다. 그런데 지금까지의 내용을 잘 읽은 독자라면 이 주장이 틀렸다는 것을 쉽게 알 수 있을 것이다. 심리적 요인이란 그것이 수요자의 심리라면 수요곡선을, 공급자의 심리에 영향을 주는 요인이라면 공급곡선을 이동시켜서 가격을 변화시킬 것이기 때문이다. 제도나 문화, 자연환경 등 가격에 영향을 미칠 수 있는 수많은 요인들은 생산자나 소비자의 행동에 영향을 미침으로써 가격과 거래량을 결정하는데, 수요-공급 모형은 이런 요인들을 수요-공급 곡선의 이동으로 모두 반영하기 때문이다.

우리가 수요-공급 모형을 공부하는 목적은 시장이 완벽하다는 것을 입증하기 위한 것이 아니다. 우리가 현실을 보다 체계적으로 이해하기 위한 사고의 틀일 뿐이다. 즉 경제 현상은 수많은 요인들이 복잡하게 상호작용하기 때문에 이들을 보다 면밀하게 분석하기 위해서 활용하는 도구라는 뜻이다. 이 책을 읽는 독자들께서는 이런 점을 잘 이해해서 수요-공급 모형의 문제점을 따지기보다는 이것을 어떻게 더 잘 이해하고 활용할지에 대해 더 많은 관심을 가지고 노력을 기울여주시기를 부탁드린다.

8장 | 탄력성

공급탄력성

우리는 지금까지 수요-공급 모형이 무엇인지, 그리고 여기 담긴 의미가 무엇인지 살펴보았다. 수요-공급 모형은 분업과 시장을 토대로 생산과 소비를 하는 사람들이 가격이라는 메커니즘을 통해 어떻게 자신들이 원하는 만큼 생산하고 소비하게 되는지를 명쾌하게 보여준다. 또한 혼자서 생산과 소비를 모두 할 수 있는데도 불구하고 분업을 하고 교환을 하는 이유는, 그렇지 않은 경우보다 우리가 보다 물질적으로 행복한 삶을 누릴 수 있기 때문임을 수요-공급 모형이 함축하고 있다는 점도 확인했다.

이번 장에서는 수요곡선과 공급곡선의 기울기가 갖는 의미를 다루어보기로 한다. 곡선의 기울기는 어떤 상품과 관련해서 생산자와 소비자가 어떻게 행동하는지를 보여준다. 그리고 이런 행동 방식을 경제 분석에 반영하는 것은 경제가 작동하는 원리를 이해하는 데에 매우 중요하다.

로빈슨 크루소의 예로 돌아가 이야기를 시작해보자. 로빈슨 크루소는 28년간 섬에서 혼자 살다가 그 지역을 항해하는 배의 도움을 받아 마침내 고향으로 돌아왔다. 돌아온 기쁨도 잠시, 그는 새로운 환경에서 생계를 꾸려야 하는 힘든 현실에 직면했다. 며칠간 고민한 끝에 그는 낮에는 강연을 해서 돈을 벌기로 했다. 자신이 경험한 28년 동안의 섬 생활을 사람들에게 들려주기로 한 것이다. 그리고 밤에는 대리운전을 하기로 했다.

강연계에서 로빈슨 크루소는 독보적인 존재였다. 28년 동안 섬에서 혼자 살아온 경험담을 이야기할 수 있는 사람은 그가 유일했기 때문이다. 많은 사람들이 혼자 사는 섬 생활에 대한 이야기를 듣고 싶어 하더라도 그런 강연을 할 다른 사람이 등장하기는 어렵다.

다음 페이지에 나올 그림8-1의 (A)는 로빈슨 크루소의 독보성을 그림으로 표현한 것이다. 혼자만의 섬 생활을 주제로 한 강연에 대한 수요와 공급을 생각할 때, 이 강연의 공급곡선은 수직의 형태가 된다. 공급이 사실상 로빈슨 크루소 한 사람으로 고정되어 있어서 가격이 아무리 오르더라도 수량이 늘어날 수 없다는 의미다.

대리운전은 강연과는 정반대다. 로빈슨 크루소가 저녁에 일을 하러 나가보니 자신처럼 대리운전을 하러 나온 사람들이 너무나 많았다. 이런 상황에서는 시장에서 통상적으로 적용되는 가격보다 한 푼이라도 더 높은 가격을 받을 가능성은 거의 없었다. 통상 가격만으로도 서비스를 제공하려는 기사들이 너무도 많았기 때문이다. 그리고 그 통상 가격은 그저 생계를 이어가는 정도의 벌이 수준에 불과했다. 수많은 사람들이 대리운전을 하려는 경쟁으로 인해 가격이 비용을 겨우 맞추는 수준까지 낮아졌기 때문이다.

그림8-1의 (B)는 이런 상황을 그림으로 표현한 것이다. 대리운전 서비스의 공급곡선은 수평의 형태가 된다. 현재 통용되는 가격에서 무한대에 가까운 공급이 이루어지기 때문에 가격은 현재의 통상 가격(P_0)에 고정되어 있음을 의미

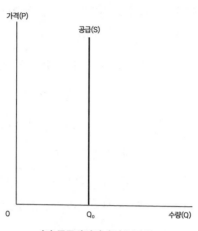

(A) 공급탄력성이 낮은 경우

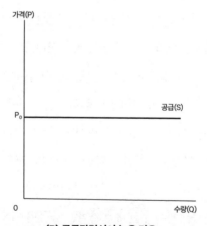

(B) 공급탄력성이 높은 경우

그림8-1 **공급탄력성이 낮은 경우와 높은 경우**

한다. 그리고 현재 가격은 최소한의 생계를 유지할 수 있는 수준일 뿐이다.

강연을 하거나 대리운전을 하는 것은 자신의 서비스를 공급하는 행위라는 점에서 동일하다. 하지만 시장 여건은 판이하게 달랐다. 강연 시장에서는 가격이 아무리 올라도 공급이 늘어날 수 없는 데에 비해, 대리운전 시장은 수많은 사람들이 공급할 의사가 있기 때문에 가격이 조금만 올라도 공급이 급속도로 늘어날 수 있다.

어떤 재화의 공급이 가격의 변화에 반응하는 정도를 경제학에서는 '탄력성'이라고 부른다. 공급탄력성은 가격이 오르거나 내릴 때 공급이 늘어나거나 줄어드는 정도를 의미한다. 강연 시장의 경우는 가격이 아무리 올라도 공급량이 거기에 반응해 늘어나지 않는데, 이를 탄력성이 작다고 부른다. 반대로 대리운전의 경우는 가격이 조금만 올라도 공급이 민감하게 반응해 크게 늘어나는데, 이를 탄력성이 크다고 부른다.*

* ———— 보다 엄밀하게 이야기하면 가격이 1% 올랐는데 실제로 공급이 1%보다 적게 늘어나면 '탄력성이 작다'고 한다. 반대로 가격이 1% 올랐는데 공급이 1%보다 크게 늘어나면 '탄력성이 크다'고 한다. 공급탄력성이 작으면 공급곡선은 점점 수직에 가까워지고, 극단적인 경우에는 수직이 된다. 반대로 공급탄력성이 클수록 공급곡선은 점점 수평에 가까워지며, 극단적인 경우에는 수평이 된다.

가격과 거래량을 결정하는 것

로빈슨 크루소가 얼마나 돈을 벌 수 있는가 여부는 자신이 제공하는 서비스에 얼마만큼 가격을 부과할 수 있는지에 달려 있다. 그리고 서비스에 대한 가격은 공급 곡선의 형태와 밀접한 관련이 있다.

가격은 수요와 공급이 만나는 지점에서 결정된다. 강연 시장처럼 공급곡선이 수직의 형태를 가지고 있는 경우, 가격을 결정하는 것은 수요곡선의 위치다. 그림8-2의 (A)에 나타난 수요(D)처럼 수요곡선이 주어져 있다면, 가격은 수요곡선과 공급곡선이 만나는 P*에서 결정된다. 하지만 로빈슨 크루소의 강연이 재미있다는 소문을 듣고 그의 강연을 듣고 싶어 하는 사람들이 갑자기 늘어났다고 하자. 그것은 어떤 가격에서 수요(D)보다 더 많은 사람들이 강연을 듣고 싶어 한다는 뜻이고, 수요 곡선이 D'처럼 원래 수요곡선보다 더 오른쪽에 존재한다는 뜻이다. 그럴 경우 가격은 P*보다 높은 P'이 된다. 가격이 올라간 크기는 수요곡선의 높이가 변한 정도와 일치한다. 그런 의미에서 공급탄력성이 극도로 낮은 경우에는 수요가 가격을 결정한다.

만일 로빈슨 크루소의 섬 생활 이야기처럼 희귀한 경험

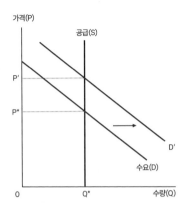

(A) 공급탄력성이 낮은 경우

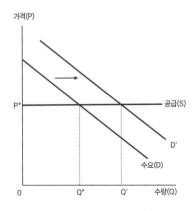

(B) 공급탄성력이 높은 경우

그림8-2 **공급곡선의 형태와 가격 결정**

을 듣고 싶어 하는 사람이 많다면 로빈슨 크루소는 강연 입장료를 매우 높게 책정할 수 있고, 큰돈을 벌 수도 있다. 밤에 추가적으로 대리운전을 할 필요도 없다. 하지만 그의 이야기에 관심을 갖는 사람이 별로 없을 수도 있다. 희소하다고 해서 무조건 사람들이 관심을 기울이는 것은 아니기 때문이다. 그럴 경우 그의 강연 수입은 보잘것없는 수준이 된다.

한편 대리운전 시장에서처럼 공급곡선이 수평의 형태를 가지고 있을 때 가격은 수요량이나 공급량과는 상관없이 P*에서 결정된다. 주어진 가격에서 무한대의 공급이 이루어질 수 있기 때문이다.

그림8-2의 (B)에 나타난 수요(D)처럼 수요곡선이 주어져 있다면 시장에서 대리기사 서비스는 Q*만큼 거래된다. 만일 수요(D')처럼 수요곡선이 주어진다면 대리기사 서비스 거래량은 Q'이 된다. 어느 쪽이 되었건 가격은 P*로 동일하다. 공급탄력성이 극도로 클 경우 수요곡선은 거래량을 결정할 뿐 가격은 공급 측, 즉 한계비용에 의해 결정된다.

물론 현실의 공급곡선은 수평이나 수직이기보다는 어느 정도의 기울기를 가지고 있다. 단 공급곡선이 수직에 가까울수록 가격은 수요가 결정하게 되고, 반대로 수평에 가까울수록 가격은 공급곡선의 높이가 규정한다. 위에 제시한 로빈슨 크루소의 사례는 이런 경향을 단순화해서 표현한 것으로 이해하고 현실을 분석할 때 적용하면 된다.

지대

다행스럽게도 로빈슨 크루소의 강연을 듣고 싶어 하는 사람들은 충분히 많았다. 그래서 그는 높은 입장료를 받을 수 있었다. 입장료에 입장객의 수를 곱한 값이 로빈슨 크루소가 벌어들이는 총수입이 된다. 그림8-3에 나타

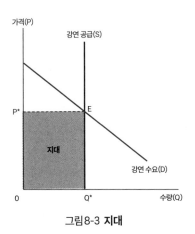

그림8-3 **지대**

낸 빗금 친 사각형(P*OQ*E)이 로빈슨 크루소가 벌어들이는 총수입이다.

이처럼 공급이 고정되어 있어서 공급을 늘리는 데에 추가적인 비용을 들이지 않아도 되는 상황에서 벌어들이는 수입을 경제학에서는 '지대rent'라고 부른다. 지대는 원래 땅값이라는 뜻이다. 경제학에서는 땅처럼 공급이 정해져 있는 상황에서 벌어들이는 수입 일반에 대해 지대라는 개념을 적용한다.

지금까지의 논의는 지대를 얼마나 벌어들이는가를 결정하는 것이 수요의 크기라는 것을 보여준다. 이 원리를 파악하는 것은 우리의 일상생활을 이해하는 데에 매우 중요하다. 예를 들어 커피전문점의 커피 가격을 살펴보자.

시내 중심지와 동네 커피전문점의 커피값을 비교해보면 시내 중심지가 동네보다 비싸다. 여기에 대해 많은 사람들은 "시내는 동네보다 땅값이 비싸니까 임대료(지대)가 비싸고, 임대료가 비싸기 때문에 커피값도 비싸다"라고 설명한다.

하지만 그림8-3은 이런 설명이 잘못된 것임을 보여준다. 시내 중심지는 동네보다 오가는 사람이 많기 때문에 커피전문점에서 커피를 마시려는 사람의 숫자가 훨씬 많다. 이는 곧 시내가 동네보다 커피에 대한 수요가 훨씬 많다는 것을 혹은 커피에 대한 수요곡선이 동네보다 위에 있다는 것을 뜻한다. 수요곡선이 위에 있으면 커피값을 높게 받을 수 있다. 커피값을 높게 받을 수 있는 곳이기 때문에 땅값이 비싸다. 땅값이 비싸서 커피값이 비싼 것이 아니라, 커피에 대한 수요가 많아 커피값을 비싸게 받을 수 있기 때문에 땅값이 비싼 것이다. 수요-공급 모형은 사람들이 흔히 하는 설명이 원인과 결과를 반대로 이해하는 것이라는 점을 시사한다.

이것은 결코 말장난이 아니다. 비싼 커피값의 원인에 대한 이상의 설명은 경제정책과 관련해서도 중요하다. 예를 들어 시내 커피값이 너무 비싸다는 여론 때문에 정부가 이를 좀 낮추는 정책을 추진하기로 했다고 하자. 정부는 어떤 정책을 실시해야 할까? 만일 커피값이 비싼 이유가 임대료가 높기 때문이라고 생각한다면 임대료를 낮추는 규제 정책을 도입하려 할 것이다.

실제로 정부가 임대료를 현재보다 낮은 금액 이상 받지 못하도록 규제한다고 하자(다음 페이지 그림8-4(A)). 그럴 경

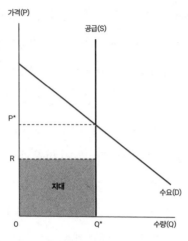

(A) 지대 통제

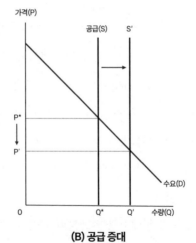

(B) 공급 증대

그림8-4 **커피값을 낮추는 방법**

그림8-4의 (A)에서 커피 가격은 수요와 공급이 만나는 P*로 결정된다. 편의상 커피를 만드는 데에 드는 비용은 0이기 때문에 커피값 P*는 온전히 커피 한 잔당 받을 수 있는 지대라고 하자. 그리고 이런 상황에서 그림8-4의 (A)처럼 정부가 임대료를 P*보다 낮은 R 이상 받지 못하도록 규제한다고 하자. 그럴 경우 불행히도 커피값은 정부가 기대한 것처럼 R 수준으로 낮아지지 않는다. 커피값은 P* 그대로인 상태에서 지대 가운데 P*와 R의 차액에 해당하는 만큼이 예전의 건물주로부터 임차인인 커피전문점에 이전될 뿐이다.

그림8-4의 (B)는 시내의 높은 커피값을 낮추는 방법이 지대를 낮추는 것이 아니라 공급을 늘리는 것임을 보여준다. 커피전문점의 수가 늘어나면 커피 공급이 증가해서 커피값이 P*에서 P'으로 낮아진다. 그 결과 커피 한 잔 가격에 반영되어 있는 지대 역시 가격이 낮아진 만큼 (=P*P') 줄어든다. 궁극적으로 높은 지대는 공급이 원활히 늘어나지 않기 때문에 생겨나는 현상이므로, 이 문제를 완화하려면 지대를 통제하는 것이 아니라 공급을 늘려야 한다.

우 불행히도 커피값은 정부가 기대한 수준으로 낮아지지 않는다. 커피값은 그대로인 상태에서 지대 가운데 과거의 시장 가격과 현재의 규제 가격 차액에 해당하는 만큼이 예전의 건물주로부터 임차인인 커피전문점에 이전될 뿐이다. 지대에 대한 규제는 커피전문점의 수익을 높인다는 면에서는 효과가 있을지 모르지만, 커피값을 실제로 낮추지는 못하기 때문에 소비자들의 후생을 증진한다는 원래 목적을 달성할 수는 없다는 뜻이다.

수요-공급 모형은 시내의 높은 커피값을 낮추는 방법이 지대를 낮추는 쪽이 아니라 공급을 늘리는 것임을 보여준다(그림8-4 (B)). 커피전문점의 수가 늘어나면 커피값이 낮아진다. 그 결과 커피 한 잔 가격에 반영되어 있는 지대역시 가격이 낮아진 만큼 줄어든다. 궁극적으로 높은 지대는 공급이 원활히 늘어나지 않기 때문에 생겨나는 현상이다. 이 문제를 완화하려면 지대를 통제하는 것이 아니라 공급을 늘려야 한다.

수요탄력성

생산자처럼 소비자도 상품에 따라 가격 변화에 반응하는 방식이나 정도가 각양각색이다. 어떤 제품은 가격이 많이 올라도 수요가 크게 줄어들지 않는 반면, 어떤 제품은 가격이 조금만 올라도 수요가 많이 줄어든다. 그림으로 표현하면 전자는 수요곡선이 수직에 가까운 모양을(그림8-5 (A)), 후자는 수평에 가까운 형태를 가진다(그림8-5 (B)). 수요가 가격 변화에 크게 반응하지 않는 것을 우리는 수요의 가격탄력성이 작다고 하고, 반대로 수요가 가격

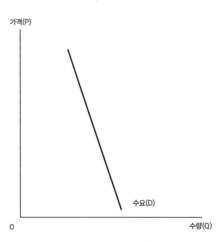

(A) 수요탄력성이 낮은 경우

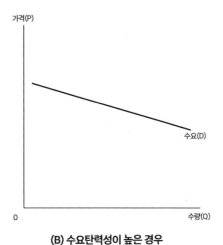

(B) 수요탄력성이 높은 경우

그림8-5 **수요탄력성이 낮은 경우와 높은 경우**

변화에 크게 반응하는 경우를 수요의 가격탄력성이 크다고 한다.

수요탄력성의 의미가 무엇인지, 나아가 수요탄력성을 파악하는 것이 왜 중요한지를 담배의 사례를 통해 살펴보기로 하자. 담배 가격이 오를 때 담배 수요는 민감하게 반응할까, 아니면 별로 영향을 받지 않을까?

여기에 대해서는 두 가지 상반된 답을 생각할 수 있다. 첫째, 살아가려면 매일 반드시 먹어야 하는 밥과 달리 담배는 피우지 않아도 살아가는 데에 크게 무리가 없다. 따라서 가격이 오르면 소비가 크게 줄어들 가능성이 높다. 담배와 같은 기호품은 수요의 가격탄력성이 큰 제품이라는 주장이다.

둘째, 반대로 담배는 중독성이 있다. 담배 가격이 오를 경우 애연가들은 밥을 덜 먹더라도 담배 소비를 줄이지 않을 가능성이 높다. 이는 담배처럼 중독성이 있는 제품은 수요의 가격탄력성이 작은 제품이라는 주장이다.

어느 쪽이 맞을까? 사실 논리의 타당성을 따져 이 문제를 해결하기는 불가능하다. 두 주장 모두 타당한 논리적 근거를 갖추고 있기 때문이다. 이런 경우에는 실증적 증거를 가지고 판단해야 한다. 자료를 이용해 수요곡선의 탄력성이 얼마나 되는지를 실제로 계산해보는 것이 문제에 대한 답을 찾는 좋은 방법이란 뜻이다.

담배의 수요탄력성에 대해서는 지난 수십 년 동안 세계적으로 수백 편의 논문이 출간되었다. 이 연구들이 일관되게 보여주는 결과는 담배의 수요가 가격에 대해 비탄력적이라는 것이다. 보다 구체적으로는 담배 가격이 1% 오를 때 담배 수요는 0.2%에서 0.5% 정도 줄어드는 것으로 나타났다.

담배의 수요탄력성에 대한 이런 연구 결과는 정부가 관련 정책을 추진하는 데에 매우 중요한 의미를 지닌다. 예를 들어 정부가 흡연으로 인해 국민 건강이 악화되는 문제를 해결하려 한다고 하자. 이 경우 정부는 가격을 통한 접근과 가격을 활용하지 않는 접근을 활용할 수 있다. 담뱃세 부과를 통해 담배 가격을 높이는 가격적 접근은 정부가 특별히 비용을 들일 필요가 없을 뿐 아니라, 오히려 담뱃세로 인한 수입까지 얻을 수 있다. 반면 금연 지역을 설정하거나 금연 교육을 하는 것과 같은 비가격적 접근은 단속요원을 고용하고 교육 자료를 만드는 등 정부가 돈을 써야 한다.

정부 입장에서는 가격적 접근이 비가격적 접근보다 훨씬 매력적이다. 하지만 가격적 접근이 원하는 목적을 달성하는 데에 효과적인가 하는 것은 다른 차원의 문제이며, 이것은 수요탄력성에 좌우된다.

만일 담배 수요의 가격탄력성이 높다면 정부는 담뱃세 부과를 통해 효과적으로 흡연인구를 줄일 수 있다. 가격이 조금만 올라도 흡연자가 크게 줄어들 것이기 때문이다. 세금 수입이 늘어나는 부수적 효과까지 누리면서 말이다. 하지만 담배 수요의 가격탄력성이 낮다면, 담뱃세를 통해 담배 가격을 올리더라도 담배수요는 그다지 줄어들지 않는다. 이런 경우에는 비가격적 접근을 보다 적극적으로 고려해야 한다.

이처럼 가격탄력성을 파악하는 것은 정부가 효과적인 정책을 시행하기 위해 매우 중요하기 때문에 앞서 언급한 것처럼 많은 경제학자들은 상품의 수요탄력성을 추정하는 실증 연구를 수행한다. 담뱃세 부과의 효과와 관련해서는 11장에서 보다 체계적으로 살펴보도록 하자.

소득탄력성

수요의 가격탄력성이란 어떤 제품의 수요를

결정하는 요인 중 하나인 가격이 변화할 때 수요가 반응하는 정도를 뜻한다. 수요를 결정하는 데에는 가격뿐 아니라 다양한 요인이 작용한다. 따라서 가격 외에도 수요를 결정하는 어떤 요인이건 탄력성이라는 개념을 적용해볼 수 있다.

가격 외에도 경제학에서 많이 사용하는 수요탄력성 가운데 하나가 소득탄력성이다. 소득은 사람들의 수요를 결정하는 매우 중요한 요인 중 하나다. 가격의 경우처럼 소비자의 소득이 변할 때 수요가 변하는 정도는 상품에 따라 큰 차이가 있다. 쌀과 같은 생활필수품은 소득탄력성이 낮다. 우리의 소득이 두세 배 오른다고 해서 그에 비례해 쌀 소비도 늘어나지는 않는다는 의미다. 소득이 줄어드는 경우에도 크게 소비를 줄이기 어렵다. 그에 비해 사치품은 소득탄력성이 크다. 소고기는 소득이 증가할수록 소비량이 크게 늘어나는 제품이다.

수요곡선에서 소득탄력성은 곡선의 이동 폭으로 표시한다. 위의 예를 가지고 이야기해보면, 어떤 사람의 소득이 두 배로 증가할 경우, 쌀의 소득탄력성은 다음 페이지에 나올 그림8-6의 (A)처럼 수요곡선이 오른쪽으로 소폭 이동하는 것으로 표현된다. 주어진 가격에서 소득이 증가한 데에

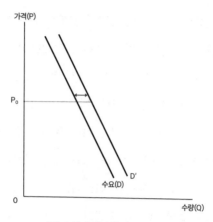

(A) 소득탄성력이 작은 경우

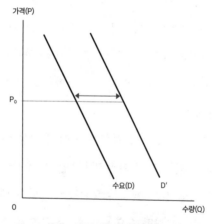

(B) 소득탄성력이 큰 경우

그림8-6 **수요의 소득탄력성**

따라 수요가 증가한 만큼 수요곡선이 이동한 것을 의미한다. 반면 사치품의 소득탄력성은 그림8-6의 (B)처럼 수요곡선이 상대적으로 큰 폭으로 오른쪽으로 이동하는 것으로 나타낸다.

수요의 소득탄력성을 파악하는 것은 새로운 사업을 구상하거나 주식 투자를 할 때 매우 유용하다. 경제가 지속적으로 성장한다는 것은 국민의 소득이 높아지는 것을 의미한다. 이런 경우에는 생활필수품보다는 소득탄력성이 큰 고급 제품에 대한 수요가 증가할 가능성이 높다. 반면 성장이 둔화되거나 경기가 침체하면, 고급 제품에 대한 수요는 줄이더라도 생활필수품에 대한 수요는 줄이기 쉽지 않기 때문에 소득탄력성이 상대적으로 낮은 제품에 대한 투자가 안정적인 수익을 가져다줄 수 있다.

수요를 결정하는 변수들 가운데 가격이나 소득처럼 탄력성이라는 용어를 통상적으로 적용하지 않는 경우에도, 이 변수들이 수요 변화에 얼마만큼 영향을 미치는지 파악하는 것은 경제 현상을 이해하는 데에 매우 중요하다. 예를 들어 사람들의 연령, 나아가 사회 전체에서 각 연령대의 인구가 차지하는 비중은 제품의 수요와 밀접한 관련이 있다.

이런 이유로 경제학자들은 통계 자료를 이용해 어떤 상품의 수요와 관련한 여러 가지 탄력성 또는 수요를 결정하는 어떤 변수에 대해 수요가 반응하는 정도 등을 측정하는 다양한 실증 연구를 수행하고, 기업이나 정책 당국은 이를 투자나 경제정책에 활용한다.

개인투자자들이라면 스스로 탄력성을 추정하는 작업을 하지 않더라도, 경제학자들이나 투자회사들이 발간하는 자료에 수록된 관련 정보를 이해할 수 있어야 한다. 그리고 이런 정보를 활용할 수 있으려면 당연히 수요-공급 모형과 관련 개념들을 머릿속에 가지고 있는 것이 유용하다.

- 생명과 신체 그리고 내 소유물의 안전을 확보하는 것은 분업과 교환이 이루어질 수 있는 전제 조건이며, 인간이 사회를 이루고 살아가기 위한 토대이다. 문제는 어떻게 개개인이 생명과 재산의 안전을 확보할 수 있는가 하는 점이다.

3부

정부와 시장

9장 | 국가

만인에 대한 만인의 투쟁

      분업과 교환은 더 많은 생산을 가능하게 함으로써 우리의 삶을 풍요롭게 한다. 그런데 이런 이익을 누리는 것은 중요한 전제하에서 가능하다. 타인의 생명과 재산에 대한 상호존중이다. 예를 들어 내가 생산한 물건을 팔기 위해 다른 사람을 만났을 때, 그 사람은 값을 제대로 치르고 정당하게 물건을 살 수도 있지만, 내 물건을 몰래 훔치거나 힘으로 나를 제압하고 빼앗으려 할 수도 있다. 이 과정에서 나는 물건을 잃어버림은 물론이고, 내 물건을 빼앗기지 않으려고 싸우다가 다치거나 목숨을 잃을 수도 있다.

정당한 거래를 통해 보상을 받기보다 이처럼 손실을 볼 가능성이 높다면, 나는 다른 사람과 거래하는 것을 꺼리게 될 것이다. 필요한 물건을 스스로 만들고 혹시라도 내 물건을 빼앗으려 드는 침입에 대비하는 자급자족 생활을 선택하게 된다. 이런 선택은 분업의 이익을 누리지 못하게 함으로써 내 삶의 질을 낮춘다. 세상 모든 사람들이 이렇게 살게 되는 상황을 토머스 홉스Thomas Hobbes는 "만인에 대한 만인의 투쟁" 상황이라고 불렀다.

생명과 신체 그리고 내 소유물의 안전을 확보하는 것은 분업과 교환이 이루어질 수 있는 전제 조건이며, 인간이 사회를 이루고 살아가기 위한 토대이다. 문제는 어떻게 개개인이 생명과 재산의 안전을 확보할 수 있는가 하는 점이다. 생명과 재산을 보호하려면 많은 자원과 노력이 필요하다. 예를 들어 누군가가 내 물건을 빼앗아 가지 못하게 하려면 상대방을 제압할 수 있도록 무기를 갖추고 이를 잘 다룰 수 있도록 훈련을 해야 하며, 언제 있을지 모르는 공격에 대비해 늘 주의를 기울여 경계를 해야 한다. 이렇게 생명과 재산의 보호를 위해 노력을 기울이다 보면, 생산을 위해서 쓸 수 있는 시간과 자원이 그만큼 줄어들고, 그래서 삶의 질은 낮아진다.

인류는 생명과 신체를 포함한 광의의 재산권을 보호하기 위한 노력과 생산 활동 사이에 존재하는 상충 관계를 해결하기 위해, 또는 안전 확보에 요구되는 시간과 비용을 줄이고 더 많은 시간을 생산 활동에 돌림으로써 삶의 질을 향상하고자 다양한 방안을 모색했다. 그 과정에서 모든 사람이 자기 보호와 생산 활동을 병행하는 자급자족보다는 여느 재화처럼 분업과 교환을 통해 안전을 확보하는 방식을 채택했다. 즉 생명과 재산을 보호하는 서비스를 공급하는 사람과 이를 수요하는 사람으로 분업을 하고, 전자는 보호 활동, 후자는 생산 활동에 전념하는 것이다. 그리고 생산자는 자신의 생산품 중 일부를 보호 서비스 제공자에게 대가로 지급하였다. 여느 재화와 마찬가지로 이런 분업은 자급자족보다 더 높은 수준의 안전과 더 많은 생산을 가져다줄 수 있기 때문이다.

이런 분업은 우리가 지금까지 다루어온 수요-공급 모형으로도 개념화할 수 있는데, 다음 페이지에 나올 그림9-1은 이것을 그림으로 제시한 것이다. 통상적인 재화들과 마찬가지로, 보호 서비스에 대한 수요는 가격이 낮아질수록 늘어날 것이다. 반대로 보호 서비스 공급자는 가격이 올라갈수록 더 많은 서비스를 공급하려 할 것이다. 결국 보호 서비스는 수요와 공급이 만나는 수준에서 가격과 수량이 결정될 것이다.

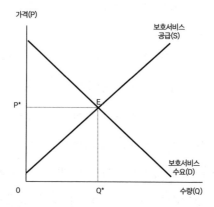

그림9-1 **보호 서비스의 수요와 공급 그리고 가격 결정**

국가의 존재 이유

생명과 재산의 보호라는 서비스를 제공하는 가장 대표적인 존재는 국가이다. 국가는 대외적으로는 군대라는 조직을 활용해서 외적이 국민들의 생명과 재산을 손상시키지 못하도록 한다. 대내적으로는 경찰이라는 조직을 통해 국민들 사이에서 일어나는 생명과 재산의 위해를 막는다. 아울러 법을 만들고 법원을 운영함으로써 재산권을 명확히 하고 재산권과 관련한 침해 또는 분쟁이 일어났을 때 잘잘못을 따져 문제를 해결한다.

국가가 이런 활동을 하기 위해서는 많은 인력과 자원이 필요하다. 정부는 군, 경찰, 법원 등을 운영하는 데 소요되는 비용을 국민들로부터 거두어들이는데, 우리는 이를 세금이라고 부른다. 그림9-1과 연결시켜보자면, 보호 서비스의 공급자가 국가, 수요자가 국민, 가격은 세금, 두 곡선이 만나는 지점이 보호 서비스의 제공량과 세금 수준이다.

그런데 생명과 재산을 보호하는 서비스의 거래는 통상적인 재화와는 다른 세 가지 특성이 있다. 첫째, 서비스 제공자와 구매자 간 힘의 차이이다. 생명과 재산을 보호하는 역할을 담당하는 공급자는 일의 특성상 강력한 무력을 가지고 있어야 한다. 어떤 사람이 다른 사람의 물건을 빼앗으려 할 때 맞서 싸우고 제압할 수 있어야 하기 때문이다. 반면 보호 서비스의 수요자는 공급자에게 보호를 의존하고 생산 활동에 전념하기 때문에 당연히 공급자보다 힘이 약하다. 이런 불균형은 통상적인 재화와는 달리 생산자와 소비자 간에 동등한 거래가 이루어지기 못하게 하는 요인으로 작용할 수 있다. 서비스 공급자는 힘의 우위를 앞세워 수요자에게 부당하게 높은 가격을 부과할 수 있다. 이를 거부할 경우 무력으로 굴복시키거나, 보호를 하는 대신 생명과 재산을 빼앗는 일을 할 수도 있다.

인류 역사를 보면 국가와 국민 간의 관계가 보호 서비스의 제공과 구매보다는 착취와 피착취에 가까운 양상을 띠는 경우가 일반적이고 빈번하게 나타났다. 전근대사회의 많은 전제군주는 국민의 생명과 재산을 대내외적으로 보호한다는 명목하에 지나치게 높은 세금을 거둠으로써 사람들의 삶을 피폐하게 만들곤 했다. 사람들은 항의를 하거나 민란을 일으켜 전제군주에 대항하는 집단적 움직임을 일으키기도 했고, 경우에 따라서는 전제군주를 몰아내기까지 했다. 안타깝게도 이런 저항은 많은 경우 실패했고, 성공하더라도 동일한 체제하에서 전제군주만을 바꾸는 데 그쳤기 때문에 문제를 근본적으로 해결하지는 못했다.

그러나 많은 시행착오 끝에 인류는 1688년 영국의 명예

혁명, 1789년 프랑스의 프랑스혁명 등을 거치면서 완전하지는 않지만 이 문제를 획기적으로 개선했다. 국가를 지배하던 왕 또는 소수의 귀족을 몰아내고 국민이 스스로 국가를 운영하는 정치체제를 만들었다. 우리는 이것을 민주주의라고 부른다. 달리 표현하자면, 민주주의국가의 본질은 국가라는 조직이 본분을 다하도록 통제하는 메커니즘이라고 할 수 있다.

근대 민주주의국가의 헌법은 민주주의 정치체제의 본질을 집약해서 보여준다. 헌법은 기본적으로 국민과 국가 간에 맺은 계약이다. 계약의 핵심은 생명과 재산의 보호라는 서비스의 제공과 구매이다. 즉 국가는 국민들의 생명과 재산의 보호를 포함해서 언론의 자유, 거주 이전의 자유, 직업 선택의 자유 등 국민이 누리고 싶어 하는 다양한 권리를 보장하는 서비스를 제공한다. 이에 대해 국민은 국가가 이런 활동을 영위하는데 필요한 자원을 지급한다. 이런 자원은 내가 가진 돈이나(예를 들어 납세의 의무), 내 신체로 제공한다(예를 들어 병역의 의무). 이때 정부가 어떤 종류의 서비스를 얼마만큼 국민에게 제공하고 세금을 얼마만큼 거두어 비용을 충당할지는 국민이 뽑은 대표자로 구성된 의회가 정한다. 행정부는 의회가 정한 것을 집행하며, 법원은 의회가 결의한 법을 기초로 재산권의 침해나 관련 분쟁이 일어났을 때 이를 해결한다. 많은 민주주의 국가의 정부가 입법-행정-사법이라는 세 영역으로 구성되어 있는 이유이다.

이런 방식으로 민주주의 국가는 국민의 생명과 재산을 보호함으로써 국민들이 분업과 교환을 통해 삶의 질을 향상시킬 수 있도록 뒷받침한다. 이를 통해 민주주의라는 정치체제는 경제 발전을 촉진할 수 있다.

────────── **독점**

생명과 재산을 보호하는 서비스의 제공자가 일반적인 재화의 제공자와 다른 두 번째 차이점은 서비스 공급을 독점한다는 사실이다. 독점 공급이란 공급자가 하나뿐이라는 뜻이다. 우리가 소비하는 대부분의 재화나 서비스는 다양한 여러 생산자들이 자유로이 생산해서 소비자에게 판매한다. 하지만 군대와 경찰처럼 생명과 재산을 보호하는 서비스를 제공하는 국가는 일정한 영역 내에서 하나만 존재한다.

만일 어떤 지역에 대해 두 개 이상의 정부가 해당 지역에 대해 자신들이 치안과 국방을 제공하는 상황에서는, 이들 간에는 여러 가지 이유로 충돌이 일어날 수 있다. 두 경제 주체 간에 분쟁이 일어났을 때 보호 서비스 제공자들이 서로 다른 편의 이익을 위해 조치를 취할 수 있기 때문이다. 나아가 경제주체들이 보호 서비스에 대한 대가를 중복해서 내려 하지 않을 것이기 때문에, 이를 확보하기 위한 갈등도 충돌을 야기하게 된다. 결국 보호 서비스 제공자가 여럿 존재하는 것은 일시적이거나 불안정한 상황이고, 궁극적으로는 독점이 되었을 때 안정적인 상황에 도달하게 된다.

물론 우리 주변에는 국가 외에도 생명과 재산의 보호 서비스를 제공하는 다양한 조직이 존재한다. 사설 경비업체가 대표적이다. 이들은 국가와는 별도로 소비자들로부터 대가를 받으면서 보호 서비스를 제공한다. 그러나 이런 경비업체들은 국가가 허용하는 제한된 범위 내에서만 활동할 수 있다. 범죄를 막기 위해 순찰을 돌고 침입자를 제압하는 일은 할 수 있지만, 이를 벗어나는 행위 예를 들어 이들을 감옥에 가두는 것과 같이 처벌하는 활동은 허용되지 않는다.

보호 서비스를 제공하는 또 다른 조직으로는 마피아나

조직폭력배가 있다. 이들은 일정한 구역 내에 있는 상인들에게 보호를 명목으로 수수료를 받는다. 그리고 개인 혹은 다른 조직이 상인들의 영업활동을 방해하거나 갈취를 하려고 하면 이들을 내쫓는다. 단 허가받은 사설 경비업체들과는 달리 이들은 정부로부터 인가를 받고 이런 활동을 하는 것이 아니다. 그리고 상인들이 원하지 않는 경우에도 자신들의 보호를 받도록 강요하는 것과 같은 방식으로 착취한다. 여기에 더해서 여러 가지 불법적인 활동들을 한다. 이런 이유로 정부는 사설 경비업체와는 달리 마피아나 조직폭력배를 제거하고자 노력한다.

공공재의 가격

보호 서비스의 거래가 일반 재화와 다른 세 번째 특징은 소비자들이 서비스를 원한다는 사실을 드러내거나 인정하지 않는다는 점이다. 예를 들어 바나나와 같은 일반적인 재화의 경우, 소비자는 가격을 보고 구매라는 행위를 통해 자신의 선호를 드러낸다. 이처럼 제품의 구매는 소비자가 이 제품을 얼마나 원하는지를 스스로 드러내는 행위이다.

반면 국방이나 치안 서비스의 경우는 소비자들이 자신의 선호를 드러내지 않는 것이 일반적이다. 예를 들어 현재 외적으로부터 국가를 보호하는 국방 서비스가 제공되고 있다고 하자. 만일 이런 상황에서 정부가 국민 중 한 사람에게 국방 서비스 제공에 필요한 비용을 내라고 할 경우, 그 사람은 "나는 그 서비스를 원하지 않는다"고 하면서 돈을 안 내려고 할 수 있다. 하지만 국방 서비스는 그 특성상 돈을 내지 않은 사람만 배제하고 제공하는 것이 불가능하다. 이처럼 치안이나 국방 서비스는 모든 국민들의 삶에 매우 필요하지만, 사람들은 비용을 지불하지 않더라도 서비스를 받을 수 있기 때문에, 그런 서비스를 얼마만큼 원하는지 선호를 드러내지 않을 유인이 존재한다. 경제학에서는 이런 문제를 '무임승차 문제free-rider problem'라고 부른다. 만일 모든 사람들이 대가를 지불하지 않고 서비스만 누리려 하면 결국 그 서비스는 제공될 수 없다.

이런 이유로 국방 및 치안 서비스 제공은 시장에서와는 다른 방식으로 공급이 이루어진다. 소비자가 자발적으로 돈을 내고 구매하는 것이 아니라 서비스 제공자가 비용을 강제로 거두어 비용을 충당한다. 이처럼 강제력을 기반으로 비용을 충당하고 서비스를 제공한다는 것은 국가가 시장 원리에 따르지 않는다는 것 혹은 시장과는 독립된 존재임을 의미한다.

정부가 거두어들이는 비용을 우리는 세금이라고 부른다. 강제로 거둔다는 것은 세금을 내지 않을 경우 정부가 처벌을 하거나 힘으로 가져간다는 것을 의미한다. 우리는 헌법에 조세납부의 의무라고 표현하지만, 사실 의무라고 하는 것은 정부가 강제로 집행한다는 말을 순화해서 표현한 것일 뿐이다. 근대 민주주의 정치체제의 중요한 역할은 이런 강제력 행사가 과도하게 이루어지지 못하도록 제어하는 것이다.

정부와 시장

이상에서 이야기한 내용에 기초해서 보자면, 세상에는 크게 두 종류의 재화가 존재한다. 첫째는 사람들이 자유로이 사고파는 재화들이다. 우리 주변에서 볼 수 있는 다양한 재화와 서비스는 여기에 해당한다. 아래 언급하는 공공재에 대비해서 이들을 '사적재private goods'라고 부르기도 한다. 사적재의 거래가 이루어지는 추상적 공간을 우리는 시장이라고 부른다.

둘째는 여러 가지 이유 때문에 시장에서 제대로 거래가 이루어지기 어려운 재화들이다. 이들 가운데 사회에서 꼭 필요한 것들은 국가가 생산을 하게 되는데, 앞서 설명한 이유들로 인해 이런 재화의 생산과 거래 그리고 가격은 일반적인 시장에서의 메커니즘과는 다른 방식으로 결정된다. 이런 재화를 우리는 '공공재public goods'라고 부른다.

치안, 국방, 사법은 국가가 공급하는 대표적인 공공재이다. 그런데 오늘날 세계 각국의 정부는 이런 전통적인 영역을 넘어서 경기변동으로 인한 충격의 완화, 산업의 진흥, 그리고 복지제도를 통한 국민들의 삶의 질 향상 등 다양한 영역과 관련한 서비스를 제공한다. 그리고 이런 서비스 중에는 시장에서 이루어지는 경제활동의 영역으로 침투하는 것이 적지 않다.

정부가 수행해야 하는 역할이 무엇인지에 대해 사람들은 서로 다른 생각을 가지고 있다. 한편에는 정부가 전통적인 영역 즉 생명과 재산의 보호라는 역할에 초점을 맞추고 다른 부분으로 역할을 확장해서는 안 된다고 하는 입장을 가진 사람들이 있다. 다른 한편에는 정부가 전통적인 영역에만 머물러서는 안 되고 국민들의 후생 증진을 위해 다양한 역할을 수행해야 한다고 생각하는 사람들이 존재한다. 서구식 전통에서는 전자를 보수, 후자를 진보라고 부른다.

근대 민주주의국가에서는 선거를 통해 국민이 선택한 정부가 이 문제를 결정한다. 이런 결정은 경제의 여러 측면에 큰 영향을 미친다. 예를 들어 정부가 제공하는 서비스에 대한 수요가 늘어나면, 이를 충족하기 위해서는 더 많은 재원이 필요하다. 이를 충족하려면 필연적으로 세율이 올라가고, 국민들이 내야 하는 세금이 증가해야 한다(그림9-2). 정부가 제공하는 서비스의 확대는 공짜로 이루어지는 것은 아니라는 뜻이다. 따라서 정부의 역할 증대가 적절한 수준으로 이루어지기 위해서는 면밀한 검토가 이루어져야 하며, 많은 경제학자들이 연구하는 주제이기도 하다. 10장과 11장에서는 수요-공급 모형을 기초로 해서 이 문제를 보다 심층적으로 살펴보기로 한다.

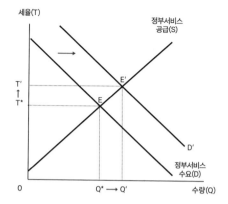

그림 9-2 **정부 서비스의 확대 또는 수요 증가와 세율**

10장 | 사고팔아도 되는 것과 그렇지 않은 것

자유로운 거래 vs. 금지된 거래

우리는 온갖 재화를 거래하며 살고, 그것이 우리의 삶을 보다 풍요롭게 한다. 하지만 사고파는 것이 금지된 경우도 있다. 사람을 노예로 거래하는 행위, 청부 살인처럼 대가를 주고 어떤 사람에게 위해를 가하도록 요청하는 행위, 돈을 받고 시험을 대신 봐주는 행위, 뇌물을 받고 부정한 청탁을 들어주는 행위 등이 대표적이다. 국가는 이런 행위들을 법으로 금지하고 이를 어길 때는 엄하게 처벌한다.

국가가 이런 행위를 금지하는 가장 큰 이유는 도덕적으

로 용납할 수 없거나 해당 거래가 사회의 기반을 무너뜨릴 수 있기 때문이다. 어떤 사람을 노예로 삼는 것은 인간이 가진 기본 권리를 박탈하는 행위다. 이는 인간을 목적적 존재로 보는 근대 민주주의국가의 기본 이념에 배치되기 때문에 정부가 금지한다. 매매 대상이 되는 노예라는 존재를 허용하지 않으므로 노예에 대한 매매는 전제가 성립하지 않는다는 뜻이다.

청부 살인의 경우, 즉 나보다 사람을 죽이는 능력이 뛰어난 사람에게 대가를 지불하고 누군가를 살해해달라고 거래하는 행위는 내가 직접 그 일을 하는 것에 비해 상대적으로 적은 비용으로 목적을 확실하게 달성한다는 측면에서는 '효율적'일 수 있다. 하지만 거래 이전에 살인이라는 행위는 범죄이므로 대가를 지불하고 살인을 대신 하도록 요청하는 거래는 사회적으로 금지 대상이다.

경제학적 측면에서 보다 흥미로운 문제는 위의 사례들처럼 거래 대상 자체가 해서는 안 되는 일은 아니지만 시장에서 자유롭게 거래를 허용하는 것은 문제가 있기 때문에 정부가 제한하는 경우다. 마약, 무기, 신체 장기 등을 거래하는 행위가 여기에 속한다. 예를 들어 우리가 마약이라고 부르는 물질 가운데 상당수는 병원에서 마취제나 진통제 등 다양한 약품의 원료로 사용하는 유용한 재료다. 하지만 이런 물질들은 중독성으로 인한 부작용이나 환각 작용에 따른 문제로 인해 지나치게 많은 양을 섭취하거나 유흥 등의 목적으로 사용하는 것은 여러 가지 폐해를 낳을 수 있다. 따라서 대부분의 국가는 마약 성분이 있는 약물의 거래를 엄격히 통제한다.

장기 매매도 마찬가지다. 어떤 사람의 장기를 다른 사람에게 이식하는 것은 많은 사람에게 건강한 삶을 가져다주는 중요한 방법이다. 다만 내가 어떤 장기가 필요할 때, 마치 일반적인 재화를 거래하듯이 그 장기를 가진 사람에게 돈을 지불하고 구매하는 것은 법으로 금지되어 있다. 통상적인 거래 방식을 적용할 경우 여러 가지 심각한 부작용이 일어날 수 있기 때문이다. 이런 이유로 장기 이식은 돈을 지불할 의사나 능력이 아니라, 등록 순서나 위급성 등과 같은 기준에 따라 순서를 정해 이루어진다.

그렇다면 이런 것들을 시장에서 자유롭게 거래하도록 허용하지 않고 정부가 강력하게 통제하는 것이 정말로 사회를 바람직하게 만들까? 이 질문에 대한 답을 살펴보기 위해서는 윤리적이거나 당위적인 판단 이전에 문제의 본질을 이해하는 노력이 필요하다. 우리가 왜 분업과 교환을 하며 살고 있는지를 이해하기 위해 자급자족하는 삶을 생각해보고 양자를 비교했듯이, 마약에 대한 규제의 의미를 이해하고 관련 문제의 개선책을 모색하려면 마약을 마음대로 거래할 수 있는 세상과 그렇지 않은 세상을 비교해보는 작업이 유용하다.

──────── 마약

누구나 원하는 만큼 대마초 같은 마약을 살 수 있고, 생산자도 얼마든지 마약을 만들어 팔 수 있는 세상을 생각해보자. 그럴 경우 여느 상품처럼 마약의 가격과 거래량도 수요와 공급에 의해 결정될 것이다(다음 페이지 그림10-1). 그런데 대마초를 지나치게 소비하는 사람들이 늘어나고 그로 인한 부작용이 심각하다고 판단해 정부가 대마초 거래를 규제한다고 해보자.

의료 등의 목적을 위한 재배를 논외로 할 때 정부는 대마초의 생산과 소비를 0으로 만드는 것을 추구할 것이다. 하지만 현실적으로 이것은 불가능하다. 불법적으로라도 대마초를 재배해 판매하는 사람들이 어느 정도 존재할 것이

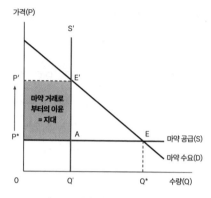

그림10-1 **마약 거래 금지의 효과**

대마초 같은 마약의 원료는 생산비가 그렇게 비싸지 않다. 나아가 생산량을 늘릴수록 한계비용이 크게 상승한다고 보기도 어렵다. 이런 점들을 감안해 편의상 대마초의 공급곡선(S)이 수평이라고 상정해보자. 그리고 대마초에 대한 수요는 가격이 낮을수록 늘어나는 통상적인 형태(D)를 가지고 있다고 하자. 그럴 경우 대마초의 가격과 거래량은 P*와 Q*로 결정된다.

이런 상황에서 정부가 대마초 거래를 규제해서 공급곡선이 Q'에서 수직인 형태(S')가 된다고 하자. 그럴 경우 대마초 생산량은 자유로운 거래가 이루어지는 수준보다 훨씬 낮은 수준으로 줄어든다. 그리고 정부가 대마초의 생산을 금지했기 때문에 대마초 가격이 아무리 오르더라도 생산을 마음대로 늘릴 수 없다. 새로운 가격과 거래량은 P'과 Q'이 된다.

이처럼 자유로운 거래가 가능한 상황과 비교해볼 때 정부 규제는 대마초의 생산과 거래량을 Q*에서 Q'로 줄이고 가격은 P*에서 P'으로 올린다. 단, 거래 가격이 올라갔다고 해서 대마초의 생산 비용이 오른 것은 아니다. 불법적인 거래 하에서의 가격과 자유로운 거래에서의 가격 차이 (=P'P*)는 공급이 제한되었기 때문에 발생한 지대이다. 아울러 이 지대는 생산자가 아니라 유통을 담당하는 사람이고, 이를 완전히 없애는 것은 쉽지 않기 때문이다. 결국 정부의 규제는 대마초의 공급을 크게 줄일 것이고, 소량이지만 여전히 생산된 대마초와 같은 마약들은 규제를 피해 몰래 거래된다.

공급이 줄어든 결과 대마초의 가격은 크게 상승한다. 단, 거래 가격이 올라갔다고 해서 대마초의 생산 비용이 오른 것은 아니다. 불법적인 거래하에서의 가격과 자유로운 거래하에서의 가격 차이는 공급이 제한되었기 때문에 발생한 것일 뿐이다. 높은 가격으로부터 마약상이 벌어들이는 이윤은 본질적으로 공급이 제한되었기 때문에 생겨난 지대라는 뜻이다. 이처럼 높은 이윤을 얻을 수 있기 때문에 마약상은 체포되어 처벌받을 위험에도 불구하고 마약을 거래한다. 위법행위의 경중은 차이가 있지만, 체포될 위험과 경제적 이득을 견주어 불법행위를 한다는 점은 1장에서 살펴본 주차위반의 경우와 본질적으로 같다.

결국 마약 거래를 통해 벌어들이는 이득은 생산자가 아니라 유통을 담당하는 사람이 취득한다. 영화나 소설 등에 나오는 것처럼 마약 거래를 통해 돈을 버는 사람들은 대마초 등을 재배하는 농민이 아니다. 그들이 힘들게 재배한 것을 싼값에 사들여 시장에 유통시키는 범죄 조직이다. 즉 농민들에게 돌아가는 수입은 단위당 한계비용에 불과한데 비해, 마약 조직이 벌어들이는 수입은 판매 가격과 생산 비용의 차액에 해당하는 지대다.

정부가 마약 거래를 규제하는 목적이 마약 소비를 줄이는 것이라면, 마약 유통과 관련한 범죄 조직이 생기고 여러 가지 부작용이 따르더라도 정부 규제는 목적을 이루었다는 점에서는 충분히 의미가 있다. 하지만 마약 규제와 관련한 부작용이 마약 소비를 줄이는 데에 따른 이득보다 더 크다면 마약 규제는 벌레를 잡으려다 초가삼간을 태우는 격일 수도 있다.

마약 거래를 기반으로 하는 범죄 조직이 생기고 그로 인한 사회문제가 심각한 경우에는 일정 한도 내에서 마약의 자유로운 생산과 거래를 허용하되, 정부가 일반 식품이나 의약품 같은 수준으로 규제를 하는 방법을 고려해볼 수 있다. 이렇게 되면 공급이 늘어나서 마약 거래와 관련한 지대가 사라지기 때문에 이를 노리고 생겨난 범죄 조직들이 자연스럽게 사라지게 된다. 물론 이렇게 되면 사람들의 마약 소비가 늘어나므로 이에 대한 대책이 병행되어야 한다.

경제학적으로 중요하게 생각해야 할 문제는 마약을 규제함으로써 마약 소비가 줄어드는 이득과 아울러 그 과정에서 생겨나는 여러 가지 부작용이 있는 만큼 어떻게 하면 이 두 가지 비용을 적절하게 결합해 최소화할 것인가 하는 것이다. 물론 마약 자체로 인한 사회적 비용과 이를 규제하는 데에 수반되는 비용을 모두 최소화할 수 있는 적정 방안을 찾는 것이 쉽지는 않다. 마약 합법화가 논란이 되는 이유는 그 때문이다.

무기나 장기 매매, 성매매, 불법도박 등도 마약과 동일한 구조의 문제를 안고 있다. 이들에 대한 규제 수준을 어떻게 적절하게 맞춰나가는가 하는 것은 사회적으로 늘 논란이 되고 있다. 수요-공급 모형에 기초한 사고는 이런 문제의 본질을 파악하고 보다 나은 해결책을 모색하는 데에 실마리를 제공해줄 수 있다.

─────── **암표**

　　　　정부가 거래를 금지하는 품목 중에는 거래 대상은 아무 문제가 없지만 거래 방식이 정당하지 않다는 이유로 규제가 이루어지는 경우가 있다. 암표, 사재기, 다단계, 강매 등이 여기에 속한다. 그 가운데 암표는 사회적 통념과 경제학적 이해 간에 차이점이 존재하는 흥미로운 사례다.

　　어떤 공연이나 전시를 보는 일반적인 방법은 관객이 공연장에 있는 매표소에 가거나 온라인 판매 사이트에 접속해 정가를 지불하고 표를 구매하는 것이다. 그런데 유명 아이돌 그룹의 콘서트나 세계적인 뮤지컬, 최종 승자를 가리는 빅 매치 등은 순식간에 표가 팔려나가기 때문에 이런 방법으로 표를 구하기가 쉽지 않다. 귀성길 열차표나 성수기 비행기표, 한정판 제품 구매 등도 비슷하다.

　　이런 경우 암표가 등장한다. 암표상은 공연을 보기 위해서가 아니라, 정가에 표를 구입한 뒤 웃돈을 얹어 다른 사람에게 팔아 이득을 취하고자 표를 구매한다. 인기 있는 공연일수록 암표상은 더욱 기승을 부린다. 현재 우리나라 정부는 암표를 파는 행위를 불법으로 규정하고 있으며, 20만 원 이하의 벌금, 구류 또는 과료의 형으로 처벌한다.

경제학자는 여기에 대해 의문을 제기한다. 인간이 왜 모여서 분업을 하고 거래를 하는지 혹은 정부는 왜 마약 거래를 금지하는지처럼 우리가 살면서 당연하게 여겨온 일들에 대해 의문을 제기하듯이, 경제학자는 다음과 같은 질문을 던진다. 암표를 사고팔면 왜 안 되는가? 정부는 왜 이것을 처벌하는가?

"암표를 파는 건 나쁜 짓이니까"는 좋은 답이라고 보기 어렵다. 암표가 왜 나쁜가라는 질문을 던졌는데, 거기에 대해 '암표는 나쁜 것이니까'라고 같은 말을 되풀이했기 때문이다. "정가가 1만 원인 표를 3만 원, 4만 원에 되파니까 당연히 나쁜 일이다"라고 답할 수도 있다. 하지만 상업은 원래 싸게 사서 비싸게 파는 행위임을 감안한다면 이 역시 만족스러운 답이 아니다. 명쾌한 답이 떠오르지 않는다면 문제의 본질이 무엇인지를 다시 생각해볼 필요가 있다. 수요-공급 모형은 이런 접근에 유용하다.

유명 아이돌 그룹의 공연을 본다고 하자(다음 페이지 그림10-2). 우리가 공연장을 찾는 이유는 음원이나 CD로 듣는 것과는 비교할 수 없는, 현장에서만 느낄 수 있는 희열 때문이다. 공연장의 좌석이 1만 석이고 표 한 장의 가격이 5만

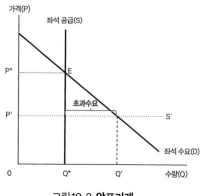

그림10-2 **암표거래**

유명 아이돌 그룹의 공연을 본다고 하자. 공연장의 좌석이 Q*만큼이라면, 아이돌 그룹 공연의 공급곡선은 수직선일 것이다. 가격이 아무리 올라도 공연장에서 좌석을 늘리는 것은 불가능하기 때문이다. 그리고 현재 공연을 보고 싶어 하는 수요는 그림의 수요(D)처럼 통상적인 형태라고 하자. 이런 상황에서 수요와 공급을 일치시키는 가격은 P*이다. 푯값이 P*라면 공연장 좌석과 공연을 보고 싶어 하는 사람이 일치한다.

암표가 거래되는 이유는 푯값이 P*보다 낮은 P'이기 때문이다. P'에서는 공연을 보고 싶어 하는 사람이 Q'인데 비해 좌석수는 Q*에 불과해 수요가 공급을 초과한다. 이는 암표가 거래되는 원인이 푯값이 충분히 높지 않기 때문임을 보여준다. 초과수요를 제거하는 손쉬운 방법은 푯값을 P*로 올리는 것이다. 하지만 이것은 표를 지나치게 비싸게 판다는 사회적 비난을 불러일으킬 수 있으며, 너무 비싼 푯값에 실망해 팬들이 떠나는 사태를 불러일으킬 수 있다. 결국 아이돌 그룹이 P'로 표를 파는 것은 표당 P*–P'만큼 수입을 포기하는 대신 도덕적 비난을 피하고 자신들의 장기적 인기를 유지하기 위한 전략이라고 할 수 있다.

원이라고 하자. 만일 이 가격에서 공연을 보려는 사람이 딱 1만 명이 있다면, 이 상황은 균형 상황이라고 할 수 있다. 주어진 가격에서 수요와 공급이 일치하기 때문이다.

이렇게 균형이 이루어지는 상황을 생각해보는 것은 암표라는 현상이 무엇인지를 이해하는 데에 중요한 시사점을 제공한다. 암표가 거래되는 상황이 발생하는 이유는 공연 좌석보다 표를 구하고 싶어 하는 사람이 훨씬 많기 때문이다. 그리고 이런 상황은 표값이 균형가격보다 낮기 때문에 발생한다. 즉 공연기획사가 가격을 5만 원이 아니라 3만 원으로 책정했다면 표가 싸기 때문에 공연을 보고자 하는 사람은 1만 명을 넘을 것이고, 수요가 공급을 초과한다. 수요-공급 모형은 암표의 원인이 표값이 충분히 높지 않기 때문임을 보여준다.

초과수요가 존재하는 상황에서 어떻게 공연장 좌석을 배분할까? 여기에 대해서는 여러 가지 접근이 가능하다. 통상적으로는 선착순이나 추첨과 같은 방식을 활용한다. 인기 아이돌 그룹의 공연 티켓을 사기 위해 3박 4일씩 밤을 새거나 온라인 티켓 판매에 접속하기 위해 PC방에서 대기하는 이유도 그 때문이다.

다른 하나는 초과수요를 제거하는 것이다. 폿값을 5만 원으로 올리면 초과수요가 사라진다. 5만 원에서는 공연을 보고 싶어 하는 사람은 굳이 줄을 서느라 시간을 들이거나 추첨운에 기대지 않고도 표를 구할 수 있게 된다. 그런데 가격을 올리는 것이 손쉬운 해결책 같지만 마음대로 사용하기는 어렵다. 폿값이 지나치게 비싸다는 것에 대한 사회적 비난이 거셀 수 있기 때문이다. 나아가 너무 비싼 폿값에 실망해 팬들이 떠난다면 아이돌 그룹은 인기가 추락할 수도 있다. 결국 아이돌 그룹은 3만 원으로 표를 팖으로써 도덕적 비난을 피하고 자신들의 장기적 인기를 유지하는 대신 표당 2만 원(=5만 원-3만 원)만큼 수입을 포기한다.

결국 폿값이 수요와 공급을 일치시킬 만큼 비싸지 않은 상황에서 높은 폿값을 지불할 능력과 용의가 있는 사람들이 표를 구하기 위해 사용하는 방법이 바로 암표다. 자신이 직접 줄을 서는 대신 다른 사람에게 부탁해 표를 사도록 하고, 그에 대해 2만 원만큼 대가를 지불하는 것이다. 이것은 암표를 구매하는 사람이 조금만 신경을 쓴다면 보다 합법적인 대안을 활용할 수도 있다는 의미이기도 하다. 유명 아이돌의 콘서트를 보고 싶은데 새벽부터 긴 줄을 서서 표를 살 시간이 없다면 심부름센터에 돈을 주고 대신 표를 구매하도록 하면 된다. 암표구입은 불법이지만 심부름센터을 활용하는 것은 합법이다.

수요-공급 모형은 암표라는 현상을 불법이나 부도덕한 행위로 규정하기보다는 왜 그러한 현상이 일어나는지를 이해하도록 돕는다. 그리고 이런 이해를 기초로 한다면 문제를 개선하는 보다 합리적인 방안도 모색할 수 있다.

규제

시장에서의 자유로운 거래는 거래 당사자 모두를 행복하게 한다. 하지만 어떤 종류의 거래는 바람직하지 않으며, 사회적으로 억제할 필요가 있다. 대상은 문제가 없더라도 그것을 거래하는 데에 있어서 시장에서의 자유로운 거래가 부적절한 방법일 수 있다. 앞 장에서는 수요-공급 모형을 이용해 이런 문제들을 살펴보았다.

이번 장에서는 시장에서 결정되는 가격이 바람직하지 않다고 판단해 정부가 개입하는 경우들을 살펴보기로 하자.

예를 들어 전세나 월세 등 주택 임대 가격은 다른 재화들과 마찬가지로 수요와 공급에 의해 정해진다. 하지만 높은 주택 가격은 사람들의 삶의 질을 떨어뜨릴 수 있기 때문에 지나치게 집세가 높게 형성되는 것을 막기 위해 정부는 다양한 방식으로 가격을 억제한다. 전월세 가격뿐 아니라 정부는 기름값, 농산품 가격, 교육비 등 수많은 재화나 서비스의 가격을 통제한다. 과연 이런 가격 통제는 어떤 방식으로 이루어지며, 기대하는 만큼의 효과를 거둘 수 있을까?

정부의 가격 통제는 크게 보면 시장에서 결정되는 가격이 지나치게 낮다고 판단해서 높이는 것과, 반대로 시장가격이 너무 높아서 낮추는 두 가지 경우로 나눌 수 있다. 이번 장에서는 전자를 중심으로 논의를 진행한다. 가격이 높아서 이를 낮추는 정책은 가격을 높이는 정책의 대칭이기 때문에 별도로 논의하지는 않기로 한다.

시장에서 결정되는 가격이 너무 낮아서 이를 높이고자 할 때는 기본적으로 네 가지 방법이 있다. 각각의 방법이 적용되는 대표적인 사례로는 최저임금, 쌀값 지지 정책, 과잉 농산물 폐기, 담뱃세가 있다. 이 사례들을 차례대로 살펴보자.

최저임금

사람들은 다양한 방법으로 소득을 얻는다. 그 중 노동의 대가인 '임금'은 가장 중요한 소득의 원천이다. 5장에서 언급한 바와 같이 임금도 여느 재화처럼 수요와 공급에 의해 결정된다. 노동을 공급하는 노동자들은 임금이 높을수록 더 많은 시간 일하거나 더 많이 일자리를 구하려고 한다. 노동자를 수요하는 기업은 임금이 낮을수록 더 많은 노동자를 고용하거나 더 많은 시간 동안 고용하고자 한다. 노동에 대한 수요와 공급이 만나 임금이 정해지고, 고용되는 노동자의 수 혹은 노동시간이 결정된다(그림11-1).

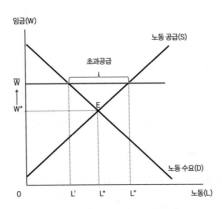

그림11-1 **임금의 결정과 최저임금**

정부가 $\overline{W}$을 최저임금으로 정했다고 하자. 최저임금제도는 임금을 시장에서의 균형임금 W*보다 상승시켜 노동자들의 소득을 높인다. 하지만 임금이 $\overline{W}$로 높아졌기 때문에 노동자들은 L"까지 노동 공급을 늘리려고 한다. 반면 기업들이 고용하려는 노동자의 수는 L'으로 줄어든다. 결국 최저임금제도는 L'L"만큼 노동의 초과공급을 야기한다. 다르게 표현하면 일하고 싶지만 일을 하지 못하는 노동자들이 발생한다. 경제학에서는 이것을 '실업'이라고 정의한다.

최저임금제도 때문에 일자리를 얻지 못하는 노동자 L'L" 가운데, 최저임금 이전에 고용되던 인원 L*보다 큰 영역 즉 L*L"만큼의 인력은 임금이 높아졌기 때문에 새로이 일자리를 구하려는 사람들이다. 이들은 임금이 낮았을 때는 일을 하지 않던 사람들이기 때문에 일을 하고 싶어도 일자리를 구하지 못한다는 점은 안타깝지만 큰 문제는 아닐 수 있다. 이에 비해 L*보다 작은 영역, 즉 L'L*만큼의 인력은 임금이 높아진 탓에 일자리를 잃은 사람들이다.

최저임금은 임금이 낮은 사람들의 소득을 높이기 위한 제도다. 그래서 원래 고용되어 있던 L*만큼의 인력 가운데 L'만큼의 인원은 최저임금제도 도입에 따른 임금인상의 혜택을 누린다. 하지만 L'L*에 해당하는 인력은 일자리를 잃게 되어 그나마 벌던 W*만큼의 소득조차 벌지 못하는 부작용이 생긴다.

시장에서 정해지는 임금은 노동자와 기업이 자율적으로 결정한 결과다. 하지만 이렇게 정해진 임금이 너무 낮을 경우 노동자들은 인간다운 삶을 영위하기 어렵다. 이런 문제를 해결하기 위한 방편으로 정부는 인간다운 삶이 가능한 수준의 임금을 법으로 정하고 강제하는 정책을 사용하기도 한다.

정부가 최저임금을 $\overline{W}$로 정했다고 하자. $\overline{W}$는 시장의 균형임금보다 높은 것이 일반적이다. 시장임금보다 낮다면 시장임금보다 임금을 높여 생활수준을 개선한다는 취지 자체가 성립하지 않기 때문이다. 이처럼 정부가 정한 임금만큼은 반드시 지급해야 하는 하한선이라는 의미에서 정부가 $\overline{W}$ 같은 임금을 정하는 것을 최저임금제도라고 한다. 최저임금제도의 첫 번째 영향은 임금 상승과 그에 따른 노동자들의 소득 증진이다.

만일 최저임금제도의 영향이 이것으로 끝난다면 좋겠지만 경제주체들은 이 제도에 대해 여러 가지 방식으로 반응하며, 제도 도입 당시에는 예상치 못한 결과나 부작용이 일어나기도 한다. 가장 먼저 나타나는 현상은 노동 공급의 증가다. 임금이 높아졌기 때문에 노동자들은 노동 공급을 늘리려고 한다. 하지만 임금이 높아진 결과 기업들이 고용하려는 노동자의 수는 줄어든다. 결국 최저임금제도의 실시는 노동의 초과공급을 야기한다. 다르게 표현하면 일하고 싶지만 일을 하지 못하는 노동자들이 발생한다. 경제학에서는 이것을 '실업'이라고 정의한다.

최저임금은 임금이 낮은 사람들의 소득을 높이기 위한 제도다. 그래서 제도 도입 이후 계속 고용을 유지하는 인원은 임금인상의 혜택을 누린다. 하지만 일자리를 잃게 되는 사람은 그나마 벌던 소득조차 벌지 못하게 되는 부작용이 발생한다.

경제학자들은 대개 최저임금제도 도입으로 인한 임금 상승이 노동자들의 소득을 증가시키지만 그에 따른 부작용으로 실업자가 발생한다는 점에 대해 동의한다. 하지만 고용 감소가 얼마나 일어나는가에 대해서는 의견이 크게 엇갈린다. 이는 노동에 대한 수요탄력성이 얼마나 되는지에 대한 견해 차이 때문이다. 다음 페이지에 나올 그림11-2의 (A)처럼 노동에 대한 수요탄력성이 작으면 가격이 크게 바뀌더라도 고용의 감소 폭이 작다. 하지만 그림11-2의 (B)처럼 노동에 대한 수요탄력성이 크면 임금이 오를 때 고용이 줄어드는 폭이 커진다.

노동의 수요탄력성이 얼마나 되는지는 이론적인 추론만으로 알 수 있는 것이 아니라 통계분석을 통해 측정해보아야 하는 문제다. 그래서 경제학자들은 노동수요곡선의 탄력성을 추정하는 많은 연구를 해왔고, 지금도 진행 중이다. 단, 자료의 한계로 인해 정확한 측정이 쉽지 않다 보니 합의된 결론을 도출하기가 어렵고, 그래서 논란이 계속되

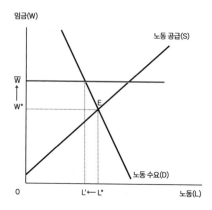

(A) 수요탄력성이 작을 때

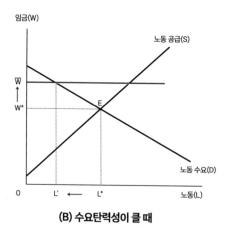

(B) 수요탄력성이 클 때

그림11-2 **수요탄력성에 따른 최저임금의 효과 차이**

고 있다.

마지막으로 고려할 점은, 최저임금제도로 인한 임금 상승으로 노동자가 더 가져가게 되는 소득분은 원래 기업에게 돌아가던 잉여 중 일부가 이전된 것이라는 점이다. 최저임금을 얼마로 정할지에 대한 논의가 있을 때 기업과 노동자가 번번이 갈등하는 이유는 기업과 노동자 간에 소득재분배가 일어나기 때문이다. 물론 노동자들에게 이익의 일부를 제공하더라도 큰 영향을 받지 않는 기업이라면 최저임금제도로 인한 부담을 견딜 수 있다. 하지만 최저임금제도의 영향을 받는 낮은 임금의 노동자들은 영세한 기업에 종사하는 경우가 많다. 그런 만큼 최저임금제도로 인한 소득 이전은 이 기업들에 적지 않은 부담을 안겨준다.

최저임금제도는 어느 나라에서나 많은 논란의 대상이며 우리나라도 예외가 아니다. 경제학자들에게 중요한 점은 최저임금을 올리느냐 마느냐 하는 문제만큼이나, 저소득 근로자의 소득을 개선하는 방법으로 최저임금제도가 얼마나 효율적이며, 또한 그것이 최선의 방안인가의 여부다. 이 질문은 저소득 노동자의 소득을 증진시키기 위한 다른 방법들이 있을 수 있으며, 이들을 비교해 보다 나은 방법을 활용해야 한다는 의미다. 예를 들어 근로장려세제는 임금이 낮은 노동자에게 기업의 소득을 이전하는 것이 아니라 정부가 직접 보조를 지급하는 방식이다. 이럴 경우 영세기업과 저임금 근로자 간의 소득재분배나 실업 증가 같은 부작용 없이 저임금 노동자들의 소득을 개선할 수 있다.

정책에 대한 논의는 특정 정책이 옳은지 그른지를 따지기보다 정책의 목적이 무엇인지를 명확히 하고, 어떤 정책이 목적을 달성하기에 효과적인지, 부작용은 어떻게 최소화할 것인지를 검토하는 방식으로 논의하는 것이 바람직하다. 수요-공급 모형은 이런 논의를 효과적으로 하는 데에 유용한 기초를 제공한다.

쌀값 지지 정책

최저임금제도가 노동자의 소득을 증진시키기 위한 정책이라면, 정부가 쌀을 사들이는 것은 농민의 소득을 높이기 위한 대표적인 정책이다. 쌀 역시 수요와 공급에 의해 가격과 수량이 결정된다(그림11-3). 그런데 이렇게 정해지는 가격이 너무 낮으면 농민들이 인간적인 삶을 살

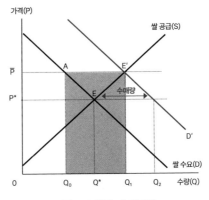

그림11-3 **쌀값 지지 정책**

쌀에 대한 수요와 공급이 주어질 경우, 쌀은 P*가격에 Q*만큼 거래된다. 만일 정부가 이 가격이 너무 낮다고 판단해서 가격을 올리기 위해 '수매량'($Q*Q_2$)만큼 쌀을 매입한다고 해보자. 그럴 경우 수요곡선은 '수매량'만큼 우측으로 이동하게 되고 E'에서 새로운 균형이 형성된다. 새로운 균형에서 쌀은 P*보다 높은 $\bar{P}$로 거래되며, 균형거래량은 Q_1이다.

이처럼 쌀 수매는 쌀 가격 상승을 가져온다. 아울러 쌀값이 높아졌기 때문에 농민들은 이전보다 더 많은 양의 쌀을 경작해 거래량이 Q*에서 Q_1으로 늘어난다. 결국 농민들의 소득은 가격이 오른 것과 함께 생산을 늘린 데에 따른 수입을 합한 만큼 증가한다.

그러나 이런 정책은 적지 않은 비용을 수반한다. 무엇보다 소비자의 희생이 발생한다. 소비자들은 예전에는 P*에 쌀을 살 수 있었지만 정부 정책으로 인해 이제는 더 비싼 가격인 $\bar{P}$로 쌀을 사야 한다. 그리고 쌀값이 비싸졌기 때문에 쌀에 대한 소비 역시 Q*로부터 Q_0로 줄어든다.

중요한 점은 정부 정책의 비용이 여기에 그치는 것이 아니라는 사실이다. $\bar{P}$ 가격에서 생산되고 거래되는 쌀의 총량은 Q_1인데, 이 가운데 Q_0만큼만 소비자들이 구매하는 양이고 나머지 분량인 Q_0Q_1은 정부가 구매하고 보관하는 양이다. 정부가 구매해 보관한다는 것은 말 그대로 창고에 보관하고 소비하지 않는다는 뜻이다. 결국 정부 수매량인 Q_0Q_1만큼의 쌀은 생산되었지만 소비되지 않고 낭비되는 수량이다. 이를 위해 정부는 농민들에게 가마니당 원래 시장가격 P^*보다 높은 $\bar{P}$만큼의 가격을 지불하고 '수매량(Q_0Q_1)'만큼의 쌀을 구매한다. 그리고 이를 위해 빗금 친 영역(AQ_0Q_1E')만큼 세금을 지출한다. 이 세금은 농민들로부터 쌀을 구매하기 위해 지출한 것이기 때문에 농민들의 수입이 되지만, 소비자들은 더 비싸진 쌀값에 더해 이 세금마저 부담해야 한다.

기에 충분한 소득을 얻지 못할 수 있다. 정부는 이 문제를 해결하기 위한 방편으로 목표하는 수준까지 쌀값이 오르도록 쌀을 사들이는 정책을 오래전부터 시행해왔다. 과거에는 가을에 수확하는 쌀을 정부가 사들여 보관한다는 의미에서 이를 '추곡수매'라고 불렀다. 그러다가 2000년대부터는 WTO의 규정에 따라 쌀을 시장에서 사들인 뒤 거래되지 못하게 배제한다는 의미에서 '시장 격리'라고 부른다. 이름은 달라졌지만 정부가 수확기에 쌀을 사서 시장에 유통되지 못하게 보관한다는 점은 기본적으로 동일하다.

정부가 쌀값을 올리기 위해 생산된 쌀 중 일부를 매입한다고 해보자. 그럴 경우 새로 추가된 정부 구매만큼 수요가 늘어나게 되고 이로 인해 가격이 상승한다. 농민들은 쌀 한 가마니당 더 높은 값을 받을 수 있게 되어 소득이 증가한다. 아울러 쌀값이 높아졌기 때문에 농민들은 이전보다 더 많은 양의 쌀을 경작해 거래량이 늘어난다. 결국 농민들의 소득은 가격이 오른 것과 함께 생산을 늘린 데에 따른 수입을 합한 만큼 증가한다.

그러나 이런 정책은 적지 않은 비용을 수반한다. 무엇보다 소비자의 희생이 발생한다. 소비자들은 정부 정책으로 인해 더 비싼 가격으로 쌀을 사야 한다. 그리고 쌀값이 비싸졌기 때문에 쌀에 대한 소비 역시 줄어든다. 쌀을 수매하는 정부 정책은 농민의 소득은 늘리지만, 소비자는 더 비싼 가격에 더 적은 수량의 쌀을 소비하게 되어 그만큼 행복이 줄어든다.

중요한 점은 정부 정책의 비용이 여기에 그치는 것이 아니라는 사실이다. 실제로 생산된 쌀 가운데 소비자들이 구매하는 양을 제외한 나머지 분량은 정부가 구매하고 창고에 보관해야 한다. 만일 이 쌀을 누군가에게 무상 또는 유상으로 제공해 소비하는 순간, 그만큼 시장 수요가 감소해 가격이 하락하기 때문이다.

결국 정부 수매량만큼의 쌀은 생산되었지만 소비되지

않고 낭비되는 수량이다. 이를 위해 정부는 농민들에게 원래 시장가격보다 높은 가격을 지불하고 수매량만큼의 쌀을 구매한다. 그리고 이를 위해 적지 않은 세금을 지출한다. 이 세금 대부분은 쌀을 소비하는 소비자들로부터 나온 것이니, 소비자는 높아진 쌀값과 늘어난 세금이라는 이중 부담을 지는 것이다. 물론 이 돈은 농민들로부터 쌀을 구매하기 위해 지출한 것이기 때문에 농민들의 수입이 된다.

정부의 쌀 수매는 농민들의 소득을 높인다는 면에서 효과적인 정책이다. 하지만 정부는 쌀 수매를 위해 적지 않은 세금을 들여야 하고, 그렇게 사들인 쌀을 창고에 쌓아두기 위해 막대한 비용을 지출해야 한다. 그리고 이런 정책은 소비자들로 하여금 비싼 값에 쌀을 구입하게 하고 세금을 더내게 함으로써 후생을 저해한다. 쌀 수매를 통해 농민들의 소득을 보전하는 정부 정책은 상당한 비용을 수반한다.

농민의 소득을 보전하는 것이 필요하다면 당연히 정부가 추진할 수 있다. 하지만 쌀 수매가 이런 목적을 달성할 수 있는 유일한 정책은 아니다. 목적을 효과적으로 달성하면서도 정책에 따른 비용을 절감할 수 있는 방안을 모색하고 집행하는 노력이 필요하다.

농산물 폐기

어느 해에 기상 조건이 아주 좋아서 배추 생산이 크게 늘었다고 하자. 힘들게 배추를 심고 가꾼 생산자에게 풍년은 큰 기쁨이지만 배추 생산량이 많아지면 가격이 하락해서 농민들의 소득이 오히려 줄어들 수 있다.

정부는 배추 가격 폭락에 따른 농민 소득 감소 문제를 완화하기 위해 여러 정책을 쓸 수 있다. 그중 하나는 정부가 배추를 수매해 가격을 끌어올리는 것이다. 그런데 배추는 쌀처럼 3~4년씩 창고에 보관할 수 없다. 따라서 수요를 늘리는 대신 공급을 줄여 가격을 높이는 접근을 택할 수 있다. 즉 시장에 공급될 것으로 예상되는 생산량 가운데 정부가 일정량을 사들인 뒤 폐기해 시장에서 거래되는 배추의 양을 평년 수준으로 줄이는 것이다(다음 페이지 그림11-4).

이 정책의 첫 번째 효과는 앞의 경우들과 마찬가지로 가격 상승이다. 공급이 줄었기 때문에 배추 가격이 상승한다. 수량 감소보다 가격 상승 폭이 크다면 농민들은 과잉생산으로 인한 소득 감소를 어느 정도 보전할 수 있다. 물론 소비자들은 비싼 가격으로 배추를 소비해야 하기 때문에 후생이 감소한다. 하지만 상승한 가격이 배추의 평년 가격과

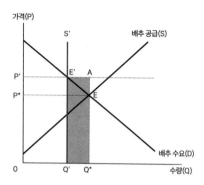

그림11-4 **농산물 폐기 처분: 배추의 사례**

올해 배추 생산량이 너무 많이 늘어나 시장에서 거래되는 배추 가격이 평년보다 낮은 수준인 P*에서 정해질 가능성이 높다고 하자. 시장에 공급될 것으로 예상되는 Q* 가운데 정부가 Q'Q*만큼을 사들인 뒤 이를 폐기해 시장에서 거래되는 배추의 양을 평년 수준에 가까운 Q'으로 줄인다고 하자.

이 정책의 첫 번째 효과는 앞의 경우들과 마찬가지로 가격 상승이다. 공급이 줄었기 때문에 가격은 P'으로 상승하고 농민들은 가격하락으로 인한 소득 감소를 어느 정도 보전할 수 있다. 물론 소비자들은 비싼 가격으로 배추를 소비해야 하기 때문에 후생이 감소한다. 하지만 P'이 배추의 평년 가격과 크게 다르지 않은 수준에서 정해진다면 후생 감소가 크다고 할 수는 없을 것이다.

대개의 경우 정부는 배추를 폐기한 양만큼 농민들에게 보상한다. 포기당 P'의 가격으로 보상한다면, 정부가 지급하는 보상액은 폐기한 배추의 양에 가격을 곱한 규모, 즉 빗금 친 사각형(E'Q'Q*A)만큼이다. 주목할 점은 앞의 쌀 수매와 비교할 때 정부의 보상액 크기가 줄었다는 사실이다. 쌀 수매의 경우는 정부 수매로 인해 가격이 상승하고 그에 따라 생산이 늘어난 수량까지 정부가 보상한 반면, 배추의 경우는 가격 상승에 따른 추가적인 생산 증가 효과는 없다. 아울러 쌀과는 달리 배추를 창고에 보관하지 않기 때문에 그만큼 정부의 지출 부담은 줄어든다.

크게 다르지 않은 수준에서 정해진다면 과도한 후생 감소가 일어난 것은 아니다.

물론 정부는 배추를 그냥 폐기할 수도 있지만 대개의 경우 폐기한 양만큼 농민들에게 보상한다. 단, 이 경우 앞의 쌀 수매와 비교할 때 정부의 보상액 크기가 크게 줄어든다. 쌀 수매의 경우는 정부 수매로 인해 가격이 상승하고 그에 따라 생산이 늘어난 수량까지 정부가 보상한 반면, 배추의 경우는 가격 상승에 따른 추가적인 생산 증가 효과는 없기 때문이다. 여기에 더해 쌀 수매처럼 비축용으로 창고에 보관할 필요가 없기 때문에 상대적으로 정부의 지출 부담은 줄어든다.

이와 같은 비교는 쌀의 경우도 정부가 농민들의 소득을 보다 합리적으로 보전하는 다른 방법이 있을 수 있음을 시사한다. 예를 들어 정부가 필요한 수준으로 쌀 목표치를 정한 뒤, 그 이상으로 생산이 이루어질 수 있는 논을 보유한 농민들에게 휴경보상비를 지급할 수 있다. 현재 우리나라 정부가 쌀 수매와 병행해 실시하고 있는 이런 정책은 농민들의 소득을 보전하면서도 가격 상승에 따른 불필요한 생산 증가를 막고, 쌀 보관에 따른 비용을 절약한다는 면에서 쌀 수매 정책의 문제를 완화할 수 있다.

담뱃세

담배를 피우는 것은 개인이 자유로이 선택할 수 있는 소비 행위다. 하지만 흡연은 여느 상품들과 달리 다른 사회 구성원들에게 나쁜 영향을 미친다. 담배 연기는 주변 사람들에게 불쾌감을 주기도 하며, 심지어 흡연 당사자는 물론 주변 사람들의 건강을 해친다. 이로 인한 의료보험 지출 증가까지 고려한다면 흡연을 개인의 권리일 뿐이라고 당당하게 이야기하기는 쉽지 않은 측면이 있다.

이런 이유 때문에 정부는 국민들의 흡연을 줄이기 위해 금연 교육을 실시하거나 공공장소에서 담배를 피우지 못하도록 하는 등 여러 가지 정책을 펼친다. 담배에 세금을 부과해 가격을 높이는 것도 이런 정책 중 하나다.

정부가 담배 생산자에게 한 갑당 1,000원만큼 세금을 부과한다고 하자(그림11-5). 그러면 공급자는 한 갑을 생산할 때마다 1,000원만큼 정부에 세금을 내야 하기 때문에 담뱃값이 오르고 흡연자의 부담이 증가한다. 최저임금제도의 경우와 비교할 때, 시장가격이 낮다고 판단해서 정부가 가격을 올린 점은 동일하지만 그 방법은 다르다. 최저임금제도의 경우는 정부가 임금을 법으로 고정시킨 것이라면, 담배의 경우에는 세금을 부과함으로써 가격을 높였다. 아울러 담뱃값 인상으로 인해 흡연자들이 담배 소비를 줄인다. 정부가 담뱃값을 올린 목적이 이루어진 것이다.

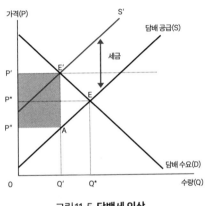

그림11-5 **담뱃세 인상**

현재 담배에 대한 수요와 공급이 그림처럼 주어져 있고, 담배 가격과 거래량이 각각 P*와 Q*라고 하자. 정부가 담뱃값을 높이기 위해 담배 한 갑에 P'P″만큼의 세금을 부과했다. 기업은 담배를 생산해 팔 때마다 세금 부과액만큼을 정부에 납부해야 하기 때문에 그만큼 비용이 상승하는 효과가 발생한다. 그 결과 공급곡선은 공급(S)에서 공급(S')으로 세금액만큼 올라간다. 새로운 공급곡선과 수요곡선이 만나는 새 균형점 E'으로 가격과 거래량이 변화한다.

담뱃세 부과가 가져오는 첫 번째 효과는 담뱃값 상승이다. 세금 부과로 인해 담뱃값은 P*에서 P'으로 올랐다. 아울러 담뱃값 인상은 담배 소비를 Q*에서 Q'으로 줄였다. 주목할 점은 세금을 부과한 액수는 P'P"인데 비해 담뱃값의 실제 상승 폭은 P*P'으로, 세금 부과액만큼 가격이 오르지는 않는다는 사실이다. 이것은 세금을 부과하면 가격 상승 때문에 수요가 줄어들고, 그로 인해 생산자들이 가격을 낮추기 때문이다. 그림에 따르면 P*보다 가격이 오른 부분인 P*P'만큼이 소비자가 부담하는 세금몫이고 소비자 잉여가 줄어드는 부분이다. 반대로 P"P* 만큼은 생산자가 부담하는 세금몫이고 생산자 잉여가 줄어드는 부분이다.

마지막으로 세금 부과는 정부에 수입을 가져다준다. 담배 한 갑에 만큼 세금을 부과했고, 세금 부과 이후 담배 판매량은 Q'이므로, 정부는 빗금 친 사각형(P'P" AE)만큼 세금을 거두어들인다.

그런데 주의할 점은 세금을 부과한 액수는 1,000원이지만 담뱃값의 실제 상승 폭은 세금 부과액보다 적은 것이 일반적이라는 사실이다. 이것은 세금을 부과하면 가격 상승 때문에 수요가 줄어들고, 그로 인해 생산자들이 가격을 낮추기 때문이다.

만일 생산자가 세금 부과액인 1,000원만큼 담뱃값을 올릴 수 있다면 행정적으로 세금을 국세청에 납부하는 것은 담배 생산자이겠지만, 세금 부담은 고스란히 소비자들이 지는 것이다. 하지만 담뱃값을 세금 부과액만큼 올리지 못한다면 세금 부과액의 부담 중 일부는 생산자도 짊어지게 된다. 경제학에서는 세금 부과로 인한 부담을 실제로 누가 부담하는지를 '조세귀착tax incidence' 문제라고 부른다. 만일 세금 부과 후 가격이 600원 올랐다면, 1,000원의 세금부과액 가운데 소비자 부담은 600원, 생산자 부담은 400원이다. 아울러 세금 부과는 정부에 수입을 가져다준다. 담배 한 갑에 1,000원만큼 세금을 부과했기 때문에 여기에 담배 판매량을 곱한 만큼의 금액을 세금을 거두어들인다.

최저임금제도의 경우와 마찬가지로 담뱃세 부과가 가격을 얼마나 올리고 소비를 얼마만큼 줄이는지, 아울러 정부에 얼마만큼 세금 수입을 가져다주는지의 여부는 수요곡선의 탄력성에 달려 있다. 다음 페이지에 나올 그림11-6 (A)처럼 담배의 수요탄력성이 작으면 담뱃세가 부과되어 가격이 오르더라도 흡연자들이 소비를 크게 줄이지 않는다. 그 결과 세금 액수에 근접하는 수준으로 가격이 오르고 소비 감소는 별로 일어나지 않아 결과적으로 정부가 거두어들이는 세금 규모가 커진다. 반면 담배의 수요탄력성이 크면 그림11-6 (B)처럼 담뱃세가 부과되어 담배 가격이 오를 때 흡연자들이 소비를 크게 줄인다. 그 결과 세금 액수보다 훨씬 낮은 수준으로 가격이 오르고, 정부가 거두어들이는 세금

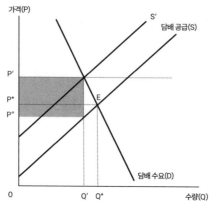

(A) 수요탄력성이 작을 때

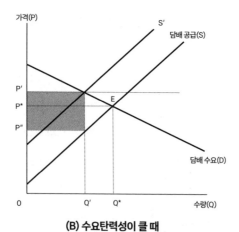

(B) 수요탄력성이 클 때

그림11-6 **수요탄력성에 따른 세금 부과 효과**

은 매우 적은 수준이 된다.

정부가 국민 건강을 위해 흡연율을 낮추고자 담뱃세를 올리는 정책을 시행했다는 틀에서 본다면, 흡연자를 줄이는 것이 주목적이고 조세 수입은 부산물이다. 하지만 정부가 조세 수입을 늘리기 위한 목적으로 세금을 부과해야 하는 경우도 있다. 그 경우에는 상품의 수요탄력성이 커서 세금 부과로 가격이 오를 때 대상 품목의 수요가 크게 줄면 목적한 만큼 세금 수입을 충분히 거둘 수 없다. 정부가 세금을 거둘 때 수요탄력성을 측정하고 수요-공급 모형을 고려해야 하는 이유이다.

현실을 개선하려는 노력

지금까지 시장에서 수요와 공급에 의해 결정되는 가격이 적정한 수준에 미치지 못한다고 판단할 경우, 정부가 개입하는 다양한 방식과 그에 따른 효과를 살펴보았다. 기본적으로 가격 인상은 가격이나 수량을 직접 통제하거나 수요나 공급 곡선을 이동시키는 방식으로 달성할 수 있다. 여기에는 정부의 재정 수입이나 지출이 수반될 수도 있고 그렇지 않을 수도 있다. 그림11-7은 지금까지 살펴본 네 가지 경우를 한눈에 비교할 수 있도록 모아놓은 것인데, 이 네 가지는 가격을 높이는 것과 관련해 정부가 사용할 수 있는 수단을 모두 모아놓은 것이라고도 할 수 있다.

이번 장에서는 시장가격이 지나치게 낮은 경우를 중심으로 여기에 대한 정부 정책을 살펴보았다. 하지만 시장가격이 지나치게 높다거나 생산량이 너무 많거나 적다는 판단하에 정부가 개입할 수도 있다. 이 경우들 역시 정부 개입은 수량이나 가격을 직접 통제하거나 수요 또는 공급을 조절하는 방식으로 접근할 수 있다. 이 장의 내용을 잘 익혀두면 손쉽게 응용할 수 있고, 경제정책을 보다 잘 이해할 수 있을 것이다.

이 장을 마무리하기 전에 한 가지 언급할 것은 경제학 혹은 경제학자와 관련한 오해다. 경제학자는 종종 시장이 모든 문제를 해결해주기 때문에 아무런 정책도 시행해서는 안 된다고 생각하는 사람들이라는 비아냥거림을 듣곤 한다. 이것은 사실이 아님에도 불구하고 이런 오해가 생기는 중요한 이유는 경제학자들이 문제에 접근하는 방식 때문이다. 즉 경제학자들은 현실의 문제를 개선하는 방안을 모색

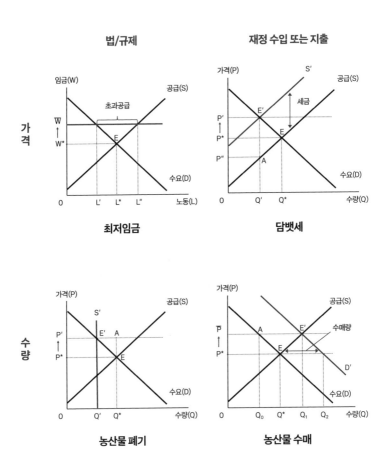

그림 11-7 **가격을 높이는 정책 비교**

할 때 정책이 실시되지 않은 세상을 먼저 생각하고, 정부의 개입이 과연 얼마만큼 세상을 개선하는지 혹은 정책으로 인한 부작용이 원래 목적한 바로부터 얻는 이익보다 큰 것은 아닌지를 따진다.

이런 접근은 현실의 문제를 개선하지 말자는 주장을 하기 위한 것이 아니라 더 나은 방안을 모색하기 위한 노력이며, 현실을 개선하려는 노력이 의도하지 않은 심각한 문제를 발생시킬 가능성을 차단하기 위한 것이다. 수요-공급 모형은 이런 접근을 가능하게 하는 기초다. 이 책의 독자들은 이런 접근의 유용성을 보다 잘 이해할 수 있기를 희망한다.

국내총생산

신문이나 뉴스에는 '요즘 경기가 안 좋다'거
나 '경제가 높은 성장세를 보이고 있다'라는 말이 자주 등
장한다. 이것은 특정 재화가 아니라 경제 상황 전반에 대한
묘사다. 개인의 행동이나 특정 상품은 물론이고, 국가 경제
전체의 현황을 이해하는 데도 수요-공급 모형은 유용하다.
단, 개별 상품이 아니라 한 사회에서 생산되고 소비되는 모
든 재화와 서비스를 포괄하려면 지금까지 살펴본 수요-공
급 모형을 확장해야 한다.

우리는 4장에서 바나나의 시장공급곡선과 시장수요곡선을 살펴보았다. 시장공급곡선은 바나나 생산자들이 일정 가격에서 생산하는 바나나의 양을 모두 합한 것이다. 그런데 한 사회에서는 무수히 많은 재화와 서비스가 생산된다. 개별 생산자의 생산량을 합해 어떤 상품의 시장 전체 생산량을 도출하듯, 한 사회에서 생산되는 모든 재화가 얼마나 되는지 파악하려면 그 사회에서 생산되는 모든 상품의 생산량을 합산해야 한다.

모든 재화의 생산량이 얼마나 되는지 파악하는 것은 많은 정보를 수집해야 하는 것 이전에 개념적으로 해결해야 할 난관이 있다. 예를 들어 바나나의 총생산량은 개별 생산자의 바나나 생산량을 합하면 도출할 수 있다. 하지만 어떤 사회에서 바나나 10개와 옷 10벌이 생산된다고 할 때, 이 둘을 합쳐 20개의 물건이 생산된다고 이야기하는 것은 의미를 부여하기 어렵다.

경제학자는 이 문제를 다음과 같이 해결한다. 바나나 1개가 2,000원, 옷 1벌이 2만 원이라고 하자. 1개에 2,000원인 바나나가 10개, 1벌에 2만 원인 옷이 10벌 생산되었다면, 이것의 총 판매액인 바나나 2만 원(=2,000원×10개)과 옷

20만 원(=2만 원×10벌)을 합해 22만 원만큼 생산이 이루어졌다고 측정한다. 즉 제품의 가격을 가중치로 하여 생산량을 서로 합산할 수 있는 형태로 바꾼 뒤 이것을 합하면 한 사회가 생산한 재화의 총가치를 측정할 수 있다.

여기에 부합하는 개념이 국내총생산, 즉 GDP Gross Domestic Product이다. GDP는 한 사회에서 일정 기간 동안 거래되는 모든 최종생산물의 시장가치의 합이다. 다른 상품의 생산에 원료가 되는 제품을 원료 또는 중간생산물, 사회 구성원이 소비를 할 목적으로 시장에서 구입하는 재화를 최종생산물이라고 부르는데, GDP는 바로 최종생산물이 얼마나 생산되고 있는지 측정하는 개념이다.

사회 구성원이 소비하는 재화가 얼마나 생산되는지 측정한다는 개념은 이 책의 출발점, 즉 물질적 행복이 궁극적으로 소비에서 비롯된다고 규정한 것과 일맥상통한다. 사회적잉여 혹은 행복의 삼각형이 특정 제품과 관련해 사회 구성원들이 누리는 행복의 규모를 측정한 것이라면, GDP는 사회 구성원이 소비하는 모든 재화와 서비스가 얼마나 되는지 측정한 것이다.

GDP를 계산하는 것과 마찬가지로 시장에서 생산되는

모든 최종생산물의 전반적인 가격수준도 파악할 수 있다. GDP를 계산할 때는 가격을 이용해 서로 다른 재화의 수량을 합했듯이, 가격수준은 시장에서 거래되는 최종생산물의 거래 규모를 가중치로 하여 각 제품의 가격을 합하는 방식으로 계산할 수 있다. 이것은 제품 가격의 가중 평균을 계산하는 것인데, 이를 흔히 '물가'라고 부른다.

한 사회에서 최종 소비를 목적으로 생산되는 모든 재화의 생산량과 가격수준 간의 관계를 도출한 것이 총공급곡선이다. 총공급곡선은 개별 상품의 공급곡선처럼 물가수준이 상승하면 GDP가 증가하는 관계를 가지고 있다. 이것은 기본적으로 총공급곡선은 모든 재화의 공급곡선을 합한 것이고, 개

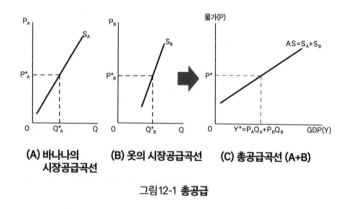

(A) 바나나의 시장공급곡선   **(B) 옷의 시장공급곡선**   **(C) 총공급곡선 (A+B)**

그림12-1 **총공급**

별 상품의 공급곡선은 대개 우상향하기 때문이다(그림12-1).

사회 전체의 수요곡선도 총공급곡선과 유사한 방식으로 도출할 수 있다. 개별 상품의 시장수요곡선은 소비자의 수요량을 합한 것이다. 그리고 각 제품의 수요량에 가격을 곱한 수요 금액을 합산하면 경제 전체의 수요액을 도출할 수 있다. 이런 방식으로 총수요와 물가 간의 관계를 도출한 것이 총수요곡선이다(그림12-2). 개별 제품의 시장수요곡선이 우하향하기 때문에 이것을 모두 합한 총수요곡선도 우하향한다.

특정 상품이 아니라 경제에서 거래되는 모든 최종생산물의 규모와 물가수준은 총수요와 총공급이 만나는 점에서

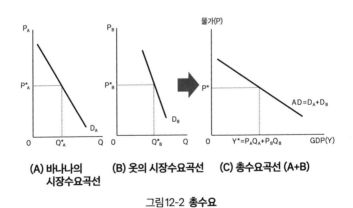

**(A) 바나나의
시장수요곡선**   **(B) 옷의 시장수요곡선**   **(C) 총수요곡선 (A+B)**

그림12-2 **총수요**

결정된다(그림12-3). 총수요-총공급 모형은 우리가 지금까지 다룬 수요-공급 모형과 비교할 때 x축과 y축이 나타내는 변수가 다소 다르다. 하지만 기본적으로는 큰 차이가 없기 때문에 수요-공급 모형을 다룰 때와 같이 활용하면 된다.

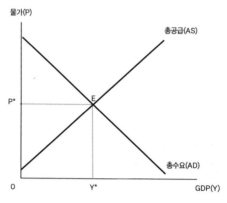

그림12-3 **GDP와 물가수준의 결정**

경제성장의 원동력

재화와 서비스의 생산에는 노동, 자본, 토지 같은 여러 가지 생산요소들이 사용된다. 그리고 생산을 통해 벌어들인 수입은 궁극적으로는 임금이나 자본소득 혹은 임대료처럼 생산에 참여한 생산요소들의 소득으로 지급된다. 아울러 경제주체는 다양한 방식으로 벌어들인 소득을 재화나 서비스를 구입하는 데에 지출한다. 따라서 총생산과 총소득 그리고 총지출은 결국 일치한다. GDP는 원래 한 경제가 일정 기간 동안 얼마만큼 생산했는지를 측정하는 지표이지만 국민이 얼마만큼 소득을 벌어들였는지, 그리고 얼마만큼 지출했는지를 의미하는 것으로 사용되는 것도 그러한 이유에서다.

GDP를 인구로 나눈 것을 '1인당 GDP'라고 한다. 1인당 GDP는 한 나라 국민이 벌어들이는 평균 소득을 의미한다. GDP가 늘어나는 것, 좀 더 정확하게는 1인당 GDP가 높아지는 것을 '경제성장'이라고 부른다. 소득 증가가 한 사람의 물질적 행복을 증대시키듯이 경제성장은 한 나라 국민 전체가 누릴 수 있는 재화와 서비스의 규모를 늘림으로써 국민 전체를 더 행복하게 한다. 이런 이유로 세계 모든 국가는 경제성장을 이룩하기 위해 노력한다.

GDP의 상승은 총수요나 총공급의 증가에서 비롯한다. 우선 주어진 물가수준에서 총수요가 커지면, 그림12-4 (A)처럼 총수요곡선이 오른쪽으로 이동하고 GDP가 증가한다. 마찬가지로 주어진 물가수준에서 총공급이 늘어나면, 그림12-4 (B)처럼 총공급곡선이 오른쪽으로 이동하고 GDP가 증가한다. 단기적으로는 총수요와 총공급 모두가 GDP를 늘리는 힘으로 작용할 수 있다.

그러나 생산능력이 그대로인 상태에서 더 소비하고자 하는 욕구를 확대해 GDP를 지속적으로 늘리는 것은 불가능하다. 앞의 3장에서 다룬 것처럼 소비로부터 느끼는 만족이 높다는 자기최면으로 행복을 증진시키는 것이 어려운 것과 기본적으로는 같은 원리다. 몇 달이 아니라 몇 년 혹은 몇십 년에 걸쳐 국민들의 생활수준이 꾸준히 높아지도록 하는 힘은 총공급곡선의 이동으로부터 나온다. 장기적인 경제성장의 원천은 공급 측이라는 의미다.

총공급곡선이 오른쪽으로 이동하는 것은 동일한 물가수준에서 생산이 늘어난다는 의미다. 혹은 한계비용이 감소해 동일한 양을 생산할 때 더 낮은 가격으로 생산한다는 뜻이다. 경제 전체의 생산 비용을 낮추는 원천은 크게 두 가지다. 하나는 기술 개발과 혁신이다. 2장에서 로빈슨 크루소가 사다리나 집게를 개발해 바나나를 따는 것과 같은 원리다.

다른 하나는 주어진 기술하에서 이것을 조직하고 사용

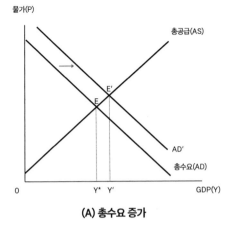

(A) 총수요 증가

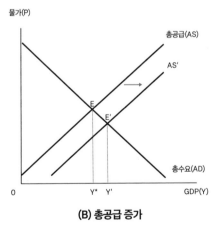

(B) 총공급 증가

그림12-4 **GDP의 증가 혹은 경제성장**

하는 방법을 개선하는 것이다. 4장에서 로빈슨 크루소가 혼자만의 삶에서 벗어나 다른 사람들과 분업함으로써 생산성을 높인 것이 여기에 해당하는데, 경제학에서는 이것을 일반화해 '제도개선'이라고 부른다. 기술 개발과 혁신, 그리고 제도개선은 경제성장의 두 가지 핵심 원천이다.

2022년, 우리나라의 GDP는 2,161조 원이다(그림12-5 (A)). 같은 해 우리나라 인구는 5,100만 명이므로, 1인당 GDP는 약 4,187만 원, 달러로 환산하면 3만 2,410달러다. 해방과 한국전쟁을 겪고 난 직후인 1953년, 우리나라의 1인당 GDP는 당시 가격으로 66달러, 2022년 물가수준으로 환산하면 약 1,000달러 정도에 불과했다. 하지만 70년 동안 우리나라 GDP는 연평균 6.9% 성장했으며, 그 결과 일인당 GDP가 1,000달러에서 3만 2,410달러로 늘어나게 되었다 (그림12-5 (B)).

많은 나라들은 몇 년간 높은 경제성장을 이룩하기도 한다. 하지만 경제성장을 수십 년 동안 지속하기는 쉽지 않다. 더욱이 평균 7%라는 높은 성장을 수십 년간 유지하는 나라는 매우 드물다. 그것이 제2차 세계대전 이후 우리나라처럼 최빈국에서 선진국 반열에 오르는 변화를 겪은 나라를 찾

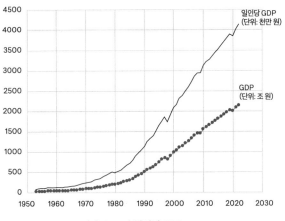

(A) GDP와 일인당 GDP

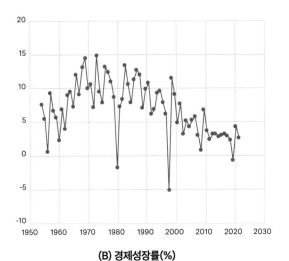

(B) 경제성장률(%)

그림12-5 **우리나라의 경제성장, 1953-2022**

기 어려운 이유다. 우리 경제가 이렇게 놀라운 성과를 거둔 것은 기술혁신과 제도개선을 통한 생산성 제고를 지속적으로, 그리고 높은 수준으로 이룩했기 때문이다.

경기변동

그림12-5 (A)를 보면 우리나라 GDP가 부드럽게 상승하는 것처럼 보인다. 하지만 각 연도별 성장률을 보여주는 그림12-5 (B)는 시기별로 우리나라의 성장률이 큰 차이가 있음을 보여준다. 1960년대 중엽부터 1990년대 중엽까지는 10% 가까운 경제성장률을 보인 데에 비해, 2000년대 들어오면 성장률이 4% 혹은 그 이하로 내려온다. 아울러 각 시기별 평균 수준을 기준으로 보더라도 어떤 해는 성장률이 상대적으로 높은 반면, 어떤 해는 낮은 양상이 나타난다.

그림12-6은 그림12-5 (A)를 보다 단순화하고 일반화해 제시한 것이다. GDP는 시간의 흐름에 따라 어떤 해는 크게 증가하고 어떤 해는 적게 증가하거나 감소하는데, 이런 연도별 변화를 관통하는 장기적 추세선을 그려 이를 중심으로 보면 GDP가 추세선 위에 있는 기간과 아래에 있는 기간

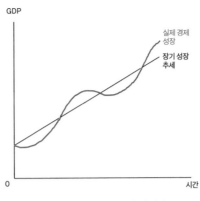

GDP

실제 경제
성장

장기 성장
추세

0   시간

그림12-6 **장기 성장 추세와 경기변동**

으로 나누어볼 수 있다. 흔히 경기가 좋다 나쁘다 혹은 호황
이나 불황으로 경제 상황을 묘사하는 것은 GDP가 추세선
보다 높은 시기와 낮은 시기를 가리킨다.

경제학자들은 GDP의 장기적 추세를 경제성장, 그리고
이런 추세선을 기준으로 GDP가 단기적으로 오르락내리락
움직이는 것을 '경기변동'이라고 부른다. 거시경제학은 경
기변동을 분석하는 경제학 분야다. 물론 성장과 경기변동
은 GDP의 움직임이라는 하나의 현상을 보다 면밀하게 분
석하기 위한 편의적 구분에 불과하다. 다만 변화하는 경제
의 움직임을 이해하고 여기에 대응하는 정책을 마련한다는

차원에서 이런 구분이 유용하기 때문에 널리 사용된다.

GDP의 장기적인 성장 추세를 논의할 때와 마찬가지로, GDP의 단기 변동을 분석하는 데에도 총수요-총공급 모형이 유용하다. 경제가 호황인지 불황인지는 총수요와 총공급이라는 두 가지 힘에 의해 결정된다. 불황을 중심으로 보면, 경기 침체는 총수요가 위축되거나 총공급이 줄어듦으로써 GDP가 감소하거나 GDP의 증가가 느려지는 현상이다(그림12-7).

총수요가 줄어들어 경기가 위축된다는 것은 소비자의 구매가 줄어들거나 기업이 투자를 하지 않는다는 것을 의미한다(그림12-7 (A)). 주어진 물가수준하에서 총수요가 감소할 경우, 생산자들은 생산품이 원활하게 팔리지 않고 창고에 쌓이기 때문에 가격을 낮춰 물건을 팔고자 한다. 그 결과 수요 위축에 따른 경기 침체는 GDP의 감소와 물가 하락 또는 양자의 증가율 감소를 가져온다.

경기 침체는 기업의 생산 활동을 위축시킴으로써 실업을 유발한다. 아울러 사람들이 벌어들일 수 있는 소득을 감소시켜 삶의 질을 떨어뜨린다. 물론 수요와 공급이라는 힘은 가격메커니즘을 통해 수요 위축에 따른 경기 침체를 스스로 해소하는 능력을 어느 정도 갖추고 있다. 하지만

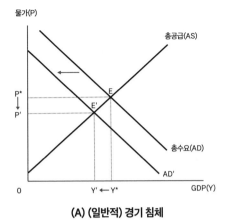

(A) (일반적) 경기 침체

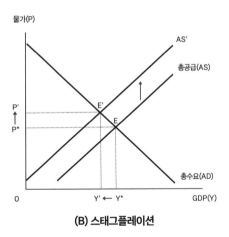

(B) 스태그플레이션

그림 12-7 **경기 침체의 두 가지 유형**

1930년대의 대공황처럼 시장메커니즘이 경기 침체를 해결하지 못하거나 시간이 너무 오래 걸리는 경우도 있다. 이런 문제를 해결하기 위해 제2차 세계대전 이후 세계 각국 정부는 경기 침체에 적극적으로 대응했다.

총수요 위축으로 발생하는 경기 침체에 대한 정부의 대응은 위축된 민간 수요를 정부 지출로 상쇄하는 것이다. 즉 정부가 지출을 늘려 총수요곡선을 우측으로 이동시킬 경우, 수요 증가로 인해 생산이 늘어나고 물가도 상승하게 되어 침체 이전의 상태로 돌아갈 수 있다.

총수요와 관련한 정부 개입은 경제가 호황일 경우에도 이루어진다. 민간 소비나 투자가 크게 늘어나 경제가 지나치게 과열될 경우에는 여러 가지 부작용이 일어날 수 있고 급속한 경기 침체를 불러일으킬 수도 있다. 그럴 경우 정부는 정부지출을 줄이는 방법으로 경제를 안정시키기도 한다.

경기 침체나 과열에 대해 정부가 지출을 조절해 경제를 안정화하는 정책을 총수요관리 정책이라고 부른다. 정부가 지출 조절을 통해 총수요를 관리해 경제를 안정화한다는 의미다.

스태그플레이션

정부지출 조절을 통한 총수요관리 정책은 민간 소비나 투자 같은 총수요의 변화로 인해 경제가 침체되거나 과열되었을 때는 유용하다. 하지만 공급 측의 충격으로 인해 경기가 위축될 경우는 효력이 크게 떨어진다.

예를 들어 세계적으로 석유 가격이 크게 오른 상황을 가정해보자. 우리가 쓰는 많은 제품들은 석유를 동력으로 하여 생산되거나 석유를 직접 원료로 사용하기 때문에 석유 가격 상승은 동시에 많은 제품들의 생산비를 높인다.

생산비의 전반적 상승은 그림12-7 (B)처럼 총공급곡선을 위로 끌어올리는 결과를 가져온다. 동일한 양을 생산할 때 가격이 더 높아지기 때문에 소비자들은 소비를 줄인다. 그 결과 생산비 상승은 GDP의 감소와 물가상승을 가져온다.

경제학에서는 공급 측 충격으로 인한 경기 침체를 '스태그플레이션stagflation'이라고 부른다. 스태그플레이션은 경기 위축을 의미하는 'stagnation'과 물가상승을 의미하는 'inflation'이 결합된 단어다. 수요 측 충격으로 인한 경기 침체가 물가 하락을 수반했던 것과는 달리, 공급 측 충격으로 인한 경기 침체는 물가상승을 동반한다는 것을 보여주는 이름이다.

소비나 투자 위축으로 발생하는 경기 침체와는 달리, 스
태그플레이션이 일어났을 때 정부가 지출을 조절해 대응하
는 것은 그다지 효과적이지 않다. 만약 정부가 경기 침체를
완화하기 위해 정부지출을 늘린다고 하자. 이것은 총수요
곡선을 오른쪽으로 끌어올리기 때문에 경기 침체를 완화할
수 있다. 하지만 정부지출 증가는 물가상승 압력으로 작용
함으로써 그림12-8의 (A)처럼 이미 진행 중인 물가상승을
더 악화시킨다.

반대로 물가상승을 완화하기 위해 정부지출을 줄인다
고 하자. 그것은 총수요곡선을 왼쪽으로 움직이기 때문에
물가를 안정시킨다. 하지만 그림12-8의 (B)처럼 정부지출
축소는 총수요를 위축시킴으로써 이미 진행 중인 경기 침
체를 더 악화시킨다.

이처럼 스태그플레이션을 총수요 조절로 대응하는 것
은 부작용이 클 수 있기 때문에 각국 정부는 공급 측에 개입
하는 접근을 시도하기도 한다. 개별 기업들이 석유 가격 인
상분을 비용에 반영하는 것을 막기 위해 가격 인상을 제한
하거나 금지하는 것이 대표적인 방식이다.

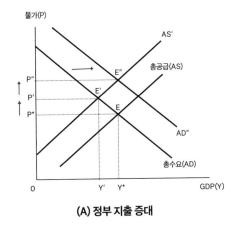

(A) 정부 지출 증대

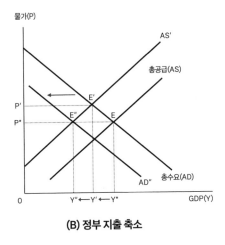

(B) 정부 지출 축소

그림12-8 **스태그플레이션에 대한 정부 대응과 그 결과**

그러나 기업들은 정부의 가격 통제를 우회하는 여러 가지 대응을 시도한다. 예를 들어 짜장면 가격을 올리지 못하게 할 경우, 이를 회피하기 위해 '특제 짜장면' 같은 새로운 메뉴를 내놓아 가격을 올리고 기존 짜장면은 품질을 떨어뜨리는 방식이다. 이런 이유로 정부의 가격 통제는 기대한 효과를 거두기가 쉽지 않다.

수요-공급 모형 하나로
파헤치는 경제학 여정

지금까지 로빈슨 크루소처럼 혼자 사는 사람이 행복하게 살기 위해 어떻게 행동하는가부터 시작해, 분업과 교환하는 삶, 그리고 이것을 개선하고자 정부에서 실시하는 여러 정책들에 대해 살펴보았다. 이런 과정 속에서 한계효용과 한계비용, 개별 상품에 대한 수요-공급 모형, 그리고 경제 전체의 총수요와 총공급이라는 틀을 활용했다.

그런데 이 세 가지 틀도 결국은 수요-공급 모형으로 환원할 수 있다는 의미에서 이 책은 수요-공급 모형 하나로 경제와 관련한 우리의 삶을 어디까지 살펴볼 수 있는지 모색해본 여정이라고 할 수 있다.

아무쪼록 여러분들이 이 책을 통해 수요-공급 모형을 이해하고, 그것들을 머릿속에서 자유롭게 활용할 수 있게 되기를 바란다. 그럼으로써 경제 현상이나 사회 현상을 볼 때 수요-공급이라는 틀 혹은 렌즈를 통해 세상을 보는 시도를 하는 출발점이 되었으면 한다. 그래서 세상을 보다 깊이 이해할 수 있게 되기를 그리고 더 행복한 삶을 누릴 수 있기를 기원한다.

KI 신서 11119

살면서 한번은 경제학 공부

1판 1쇄 발행 2021년 5월 26일
2판 1쇄 인쇄 2023년 10월 17일
2판 1쇄 발행 2023년 10월 30일

지은이 김두얼
펴낸이 김영곤
펴낸곳 (주)북이십일 21세기북스

콘텐츠개발본부이사 정지은
인생명강팀장 윤서진 **인생명강팀** 최은아 강혜지 황보주향 심세미
디자인 ziwan
출판마케팅영업본부장 한충희
마케팅2팀 나은경 정유진 박보미 백다희 이민재
출판영업팀 최명열 김다운 김도연
제작팀 이영민 권경민

출판등록 2000년 5월 6일 제406-2003-061호
주소 (10881) 경기도 파주시 회동길 201(문발동)
대표전화 031-955-2100 **팩스** 031-955-2151 **이메일** book21@book21.co.kr

© 김두얼, 2023
ISBN 979-11-7117-074-6 (04300)
978-89-509-9470-9 (세트)

(주)북이십일 경계를 허무는 콘텐츠 리더

21세기북스 채널에서 도서 정보와 다양한 영상자료, 이벤트를 만나세요!
페이스북 facebook.com/jiinpill21   **포스트** post.naver.com/21c_editors
인스타그램 instagram.com/jiinpill21   **홈페이지** www.book21.com
유튜브 youtube.com/book21pub

서울대 가지 않아도 들을 수 있는 명강의! <서가명강>
'서가명강'에서는 <서가명강>과 <인생명강>을 함께 만날 수 있습니다.
유튜브, 네이버, 팟캐스트에서 '서가명강'을 검색해보세요!

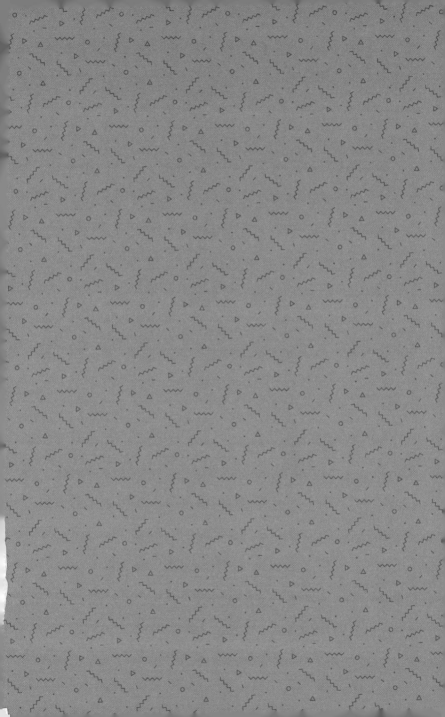

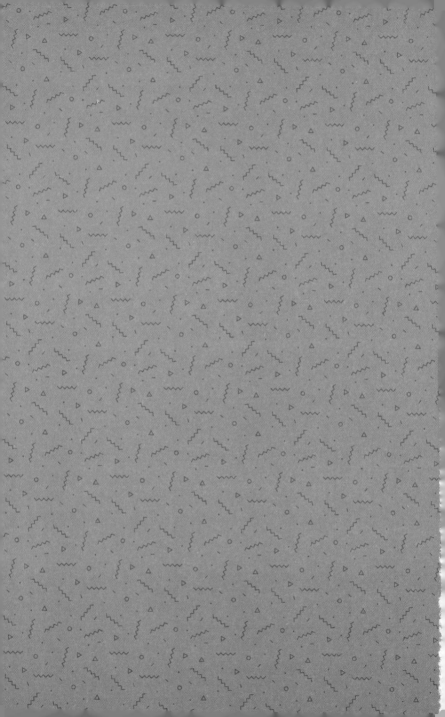